这是怎么回事？

幸福是怎么回事？

[德] 罗兰德·卡西勒 著
[德] 桑德拉·海克斯 绘
张清泉 郭 萌 译

科学普及出版社
·北 京·

图书在版编目（CIP）数据

幸福是怎么回事？/（德）卡西勒著；（德）海克斯绘；张清泉，郭萌译．— 北京 ：科学普及出版社，2015

（这是怎么回事?）

ISBN 978-7-110-08760-2

Ⅰ．①幸… Ⅱ．①卡… ②海…③张…④郭… Ⅲ．①幸福-青少年读物-Ⅳ①B82-49

中国版本图书馆CIP数据核字(2014)第219717号

Kachler，WIE IST DAS MIT…DEM GLÜCK

著作权合同登记号：01-2012-5798

出 版 人 苏 青

策划编辑 肖 叶

责任编辑 李 睿

封面设计 书袋熊

责任校对 林 华

责任印制 马宇晨

法律顾问 宋润君

科学普及出版社出版

http:www.cspbooks.com.cn

北京市海淀区中关村南大街16号

邮编：100081

电话：010-62173865 传真：010-62179148

科学普及出版社发行部发行

北京盛通印刷股份有限公司

*

开本：720毫米×1000毫米 1/16 印张：8.25 字数：130千字

2015年1月第1版 2015年1月第1次印刷

ISBN 978-7-110-08760-2/B · 66

印数：1-10000册 定价：19.80元

（凡购买本社图书，如有缺页、倒页、脱页者，本社发行部负责调换）

目录

人人都渴望幸福

当你感到幸福和快乐的时候，看起来是什么样子的？我猜，那时候的你脸上肯定绽放着光彩，眼睛闪闪发亮，欢乐跳动在嘴角边，你会乐得合不拢嘴，都能看到你露出来的大白牙。甚至会更夸张，你捂着肚子笑，乐得直跺脚，那我更加确信了你是幸福和快乐的。

刚才你觉得幸福吗？不知道？这就对了！这说明你是平静而幸福的。多数情况下，人在感到幸福和快乐的时候，自己并不会意识到。而只有当别人问起的时候，你才会意识到自己很好，很幸福，很快乐。而且不想太多才是最好的，就简简单单地享受幸福吧！

让我们来回想一下，你什么时候会感到幸福？为什么要思考这个问题呢？这是因为，好好思考一下什么让你觉得幸福和快乐，是很有意义的。那样，你就知道能够通过什么来获得幸福了。比如说：一件很棒的礼物，朋友不期而至，或者吃到最喜爱的食物，这些是不是都能给你带来幸福和快乐？

一般情况下，很多事都不由我们自己决定——比如你的生日。但是，生日这一天你一定很开心，而且有可能交好运。像生日礼物一样，运气本身就是一份珍贵的礼物。如果运气找到你，那就请你敞开心扉，用心体会这种幸福。

有些幸福是可以自己把握的。比如你在骑自行车或者踢足球的时候感到快乐，就会对它们产生兴趣，这种兴趣促使你不断地重复这项运动。在不断的练习中，你的技能会得到提高，也会让你的快乐加倍。对于另外一些幸福，则要付出艰辛的努力。比如你想演奏好笛子或者吉他，就需要具备勤奋的品质，进行大量的练习。等你能熟练地演奏这些乐器时，将会获得巨大的成就感。你的表演既为自己又为他人带来快乐，这才是真正的幸福。

现在，你已经对“幸福”这个词有所了解了吧？还想了解更多关于幸福的知识吗？你会说“当然了”。我也会对你说“没问题”，因为接下来在这本书中，你会认识几位小朋友，看看他们是如何找到属于自己的幸福和快乐的。阅读他们的故事，你会对幸福有更深的感悟，进而受到幸福的“传染”。

你想知道汤姆和蒂娜是怎样用一个抽奖转盘给别人带来好运的吗？你想知道萨拉和阿金通过“月球之旅”有了哪些新

发现吗？你想了解帕斯卡尔和纳特娅是如何征服高山的吗？还有马塞尔，他虽然遭受了不幸，却幸运地成了获胜者，你想知道他是怎么做到的吗？

那么，就赶快拥抱幸福，开始阅读这本书吧！在阅读的过程中，你可能会微微地会心一笑，也可能会开心地哈哈大笑；可能会为故事中的主人公握紧双拳，激动不已；又或者只是简简单单、轻松愉悦地享受读书这件事。

怎样获得幸福

汤姆和蒂娜发明了一个好运转盘

“你今天下午打算干什么？现在下来吗？”蒂娜站在马路对面，仰着头问楼上的汤姆。“街上的车可真多。”汤姆从游戏室的窗户伸出头来冲蒂娜说，“等喂完我们家的猫，我马上就下来。”

没过一会儿，汤姆就从家门口冲了出来。他微笑着冲蒂娜挥了挥手，站在停在路边的汽车旁边，左看看，右瞧瞧，自认为比较安全了，于是撒腿就跑。

这时，突然听到一声刺耳的汽车急刹车声——汤姆一不小心，脚下一滑摔倒在行车道上，迎面开来的汽车一下子就停在了他的面前，紧接着后面的车也一个急刹车停了下来。车里的人赶紧下车查看他的情况。目睹了刚才惊险场景的蒂娜吓得目瞪口呆，四肢僵硬。

“你没事吧？被撞到了吗？”汤姆听到一个女人受惊吓的声音。他趴在地上，同样吃惊地看着这个迅速跑过来的女人。

“你太不注意安全了！”后面那辆车的司机走过来说。这时候，在汤姆的周围已经聚集了一群人。蒂娜站在路边，还没有回过神来。

一个围观的穿短裙的女人感叹说：“真是有惊无险！”

“小家伙，多亏你走运，没被撞到真是万幸啊！”后面那辆车的司机指着汤姆磕破的膝盖说。

“没事，一点都不疼。”汤姆说。然后自己擦掉膝盖上的血，站了起来。

穿短裙的女人又说：“需要叫警察吗？”

“不用，不需要。”汤姆边说边飞快地跑开了。围观的人们吃惊地看着他。

那是你走运

当一件事进行得比预想中顺利时，我们会说：“真走运！”比如你刚好赶在下雨前到家，说明你刚才运气好。你肯定会感到庆幸：刚才真是正正好好！当人们在一个不太好的情境中得到一个相对不坏的结果时，就会感到欣慰和幸福。

“快点，咱们赶紧去你家吧！”汤姆气喘吁吁地对蒂娜说。蒂娜打开门，两个人一口气跑到了楼上。

“刚才真是吓死我了。”蒂娜的情绪还没有稳定下来。

“其实我也是。”汤姆低头看着自己磕破的膝盖，露出一副异样的表情。蒂娜在一旁挠他的痒痒。

“没事！不管它了！”汤姆被挠得咯咯笑。蒂娜还是不停地挠他，因为她发现汤姆喜欢这样。

“你们俩怎么了？”蒂娜的妈妈经过游戏室，看到汤姆蜷曲着身子躺在沙发上哈哈大笑。

“也好，这样就把你的恐惧笑跑了。大笑还能让你受伤的膝盖感觉不那么疼了。”蒂娜的妈妈微笑着说，“不过，这并不是说你就可以不管伤口了，还是要细心地照料它。”

汤姆想要止住自己的笑声，但还是憋不住，“噗嗤”一声又笑喷了。而蒂娜清脆的笑声也夹杂在中间，没有间断过。

在给汤姆包扎伤口的时候，蒂娜的妈妈温柔地说："你们就尽情地笑吧，笑是最好的止疼药。"

等到两个小家伙恢复平静以后，蒂娜提了一个问题："我们现在做点什么呢？"

汤姆还在揉着肚子，因为他刚才笑得肚子疼："随便玩什么都行。"

"可我想不出来要玩什么。"汤姆和蒂娜犹豫不决地坐在那里，一直想不出来要做什么。

为什么“笑能治百病”？

你知道你是怎么笑的吗？或者说你笑起来是什么样子的？是“哈哈哈”还是“嘿嘿嘿”？听到一个笑话你会笑，被人挠痒痒你会笑，甚至在别人笑的时候，你也会跟着笑。笑的时候嘴巴会张开，露出牙齿，你的脸上绽放光彩，肚子里膈肌上升，把吸进来的气体推向喉咙。有时候，因为笑得太厉害甚至会肚子疼，这是因为大笑的时候，你会吸入大量气体，双肺膨胀，向下推挤膈肌，与此同时，你的腹肌也是收缩的，会向上推挤膈肌。

不过归根结底，笑对人有好处。笑过之后，头脑一片空白，呼吸变得自由顺畅，让人感到放松。所以人们才说笑是最好的良药。

“你们这两个捣蛋鬼，让人想坐视不管都不忍心。我看，你们可以自己发明一种新游戏。”蒂娜的妈妈鼓励他们说。

“发明一种新游戏？这怎么可能？”蒂娜嘟囔着。汤姆却已经开始努力思考了。他思考的时候额头上出现的褶子，让他看上去像个小老头。

“先拿一个素描本和一盒蜡笔来，然后看看我们能想出什么新游戏吧。”

“你的意思是我们真的要自己发明一个游戏？”

“没错！”

“那就祝你们好运，我去忙别的事情了。”蒂娜的妈妈起身离开了房间。

“干嘛要那么麻烦，玩一个现成的游戏不就行了吗？比如德国十字游戏。”蒂娜提了一个建议。

“可是我不想这样。”汤姆摇了摇头。

“要不我们发明一个卡片游戏？”

“这个主意倒是不错，要是成功的话，我们还可以在游戏商店出售呢！”

“什么？游戏商店？”

“没错。如果我们发明出一种受欢迎的游戏，就可以用

为什么游戏让人感到快乐？

你一定也喜欢玩游戏吧？因为游戏能够带来快乐。有些分输赢的游戏令人感到兴奋刺激，一旦赢了会让人开心。其他游戏也很好，因为就像一场戏剧表演那样，你将扮演其中的一个角色。当你完全沉浸其中时，会忘记周围的一切。能够完全忘记一切甚至忘记自己的人，会感到幸福和满足。

它来赚钱啦！”

“切，我觉得这样不好。游戏的真谛是带来纯粹的快乐。而不应该跟钱扯上关系。”蒂娜有点不高兴了。她在素描本上画了一个很大的圈。

“你画这个干嘛？”

“不知道！”蒂娜回答说，继续在圈的正中间画了一个点，又以这个点为中心画了很多条射线。

“看上去真像个蛋糕。”

“也像有很多根辐条的车轮。”

“有了！我们叫它好运转盘怎么样？”

一小时以后，蒂娜和汤姆带着做好的好运转盘来到了木栅栏围成的花园门口。好运转盘由红、黄、白、黑四种颜色组成了多个区域。

汤姆手里举着一张广告牌。每当有行人路过时，他就拿到行人的面前，像叫卖的货郎一样大声说：“玩个游戏，碰碰运气吧！”引来许多行人围观。

蒂娜也没闲着，她一边转动着好运转盘，为大家演示玩法，一边提高嗓门喊：“试试您的运气吧！”

“要是赢了，你们会提供什么样的奖品？”一位叔叔凑上前来问。还没等汤姆和蒂娜作出回答，叔叔看了看表，说：

“不行，我得走了，还有一个约会呢！”于是他匆匆地离开了。

没有取得开门红的蒂娜有点失望地摇摇头。

“该怎么玩才能走好运呢？”一位好奇的老奶奶指着好运转盘问。

汤姆为老奶奶做讲解：“您先挑选一个颜色，然后蒂娜帮您旋转好运转盘。如果转盘停下来的时候，指针刚好停在您选择的颜色区域内，您就会得到一份奖品。”

“听上去不错。不过要花钱吧？”

“一分钱都不用花，完全免费。”

“真正的幸福确实是不需要钱的。”老奶奶微笑着说，“不过，你们准备好奖品了吗？”汤姆和蒂娜自信地点点头。

“我就选红色吧！”蒂娜开始转动转盘。转盘旋转的速度越来越快，四种颜色的色块变得模糊起来。很快，速度又慢下来，最后停了下来——箭头指向了白色的区域。

幸福是一种美妙的感觉

当你感到幸福的时候，体内会发出一些信号。你会感到温暖，甚至有点热；心跳加速，脸上焕发光彩；还会不由自主地跳起来，大叫一声“哟嘿！”这样可以尽情地释放你的快乐。这时候，你的整个身体都能体会到此刻的幸福，不过，幸福感其实来自于我们的大脑。在大脑中会分泌出让人产生美妙感觉的物质，人们称这种物质为“幸福荷尔蒙”。

“真遗憾。”汤姆有点尴尬地看着老奶奶，“箭头指向白色，您没有得到奖品。”

“看来我没有那么走运。”老奶奶笑着说，“没关系，没准下次运气会好一些。”老奶奶从钱包里拿出 15 分的硬币放在了好运转盘下面的桌子上。汤姆和蒂娜开心地对视了一下。还没来得及高兴太久，他们就迎来了更多的好奇的客人。

一个小女孩牵着妈妈的手，指着好运转盘叫道：“我要红色！”汤姆点了点头，转动了转盘。眼看着转盘慢慢停下来，指针马上就要指向白色区域了，小女孩急得皱起了眉头。“她马上就要哭了。”汤姆心想，于是他偷偷地推了一下转盘，这样一来指针正好指在了红色区域。

获胜给人带来幸福感

当你在游戏中获胜的时候——比如一下子就投中了六点或者其他你想要的点数，就会觉得很开心。投中一开始期待的点数，让人感到欣喜万分。所以，尽管抽奖或者彩票这类碰运气的游戏中奖机会很小，但还是有许多人喜欢玩。

在游戏或者竞技比赛中，获胜的滋味非常棒。第一个冲过终点，得到最高分，或者在投掷项目中扔得最远……站在第一名的领奖台上，标志着真正的胜利，值得为自己、为那一刻大声欢呼。

“看到了吗？玛丽，是小哥哥帮了你一把，才让你有好运的。”妈妈对小女孩说，并对汤姆眨了眨眼睛。

玛丽期待地看着蒂娜。蒂娜从抽屉里拿出了奖品，这令人惊喜的奖品原来是一只红色的巧克力瓢虫。

“原来是只幸运瓢虫！”小女孩的妈妈说。玛丽迫不及待地撕开瓢虫巧克力的包装，把胜利的果实塞进嘴里品尝。

玛丽的妈妈说：“太感谢了！你们让我的女儿好开心呀！”

随后，越来越多的人都想来碰碰自己的运气。蒂娜负责旋转转盘，而汤姆负责发放奖品。一个小时以后，参加抽奖的行人渐渐散开了。蒂娜松了一口气说：“哇，刚才可真忙啊！”

“是呀。必须马上收摊了，因为奖品已经发完了，愿望条也没了。”汤姆看着空空的抽屉说——其实倒也不是完全空了，还剩一张攥成一团的纸条。

“你知道上面写着什么愿望吗？”

“我怎么会知道呢！”

这时候，走过来一个年轻男子，他穿着蓝色西服，戴着领带，耳朵里插着 iPod 耳机。几乎在同一时间，来了一位背着挎包的年轻小姐。

年轻男子问：“我能碰碰运气吗？”

汤姆回答：“当然可以！”

“那我呢？我也可以吗？”年轻的小姐也想试试。

“呃……很遗憾……我们只剩下一张愿望条了。”

衷心地祝福！

祝福对于每个人都非常重要，所以我们会常常祝福别人，也收到别人的祝福：爸爸妈妈和爷爷奶奶通常祝愿孩子身体健康，幸福快乐。每当你过生日，或者取得了好成绩的时候，他们都会对你说：“衷心地祝福你！”另外，亲朋好友们通常会祝福你在人生道路上有健康和好运相伴。除此之外，在迎接新年的夜晚，人们也会相互发出这样的祝愿。

“好可惜啊！”年轻的小姐噘起涂着口红的嘴唇，有点不开心地说——同时她扭头看了一眼旁边穿西装的年轻男士。

“我愿意放弃。”年轻男子向这位小姐绅士地微微鞠了一躬。

“你真是太善良了！太感谢了！”年轻的小姐礼貌地回鞠了一躬，露出了开心的微笑。她开始转动转盘。转盘飞速地旋转起来，然后越来越慢，箭头似乎要指向白色区域了。

“别停啊！再转一点，再转一点我就有好运了。”年轻的小姐激动地叫了出来，不肯死心地向转盘吹了一口气，于是转盘又向前移动了一下，如她所愿地停在了红色区域。

“太棒了！你是今天的幸运儿！”年轻男子兴奋地举手

欢呼。他刚才紧张地握起双拳，咬紧牙关，因为指针刚刚进入红色区域一点点。

“嘿，是红色！”年轻的小姐笑容灿烂地看着年轻男子。男子赶忙伸出手来跟她握手，并笑着说：“祝贺你！”他深情地注视着她的眼睛，看了好久。蒂娜冲着汤姆咧嘴示意。汤姆用食指敲敲自己的头，也冲蒂娜咧嘴笑笑。作为小孩子，这是他们面对成人的爱情时，相互交流的一种方式。

当年轻男子意识到握手的时间太久以后，赶忙不好意思地松开了手。他接着问两个孩子：“这位美丽的小姐将会获得的奖品是什么？”

蒂娜和汤姆疑惑地耸了耸肩。

“还剩最后一个愿望条了。”蒂娜打开抽屉，把最后一张抽奖券递给了年轻小姐。她打开抽奖券，看了看里面的内容，然后笑出了声。

“太有趣了！这对我来说非常实用。”她又看了看这张写着幸福心愿的抽奖券，对汤姆和蒂娜露出了感激的微笑，然后含情脉脉地看着穿西装的年轻男子。

“能告诉我们，这里面写的是什么吗？”

“不管你们信不信，这张抽奖券上写的是‘幸福就在爱情里’。”

汤姆疑惑地问蒂娜：“我怎么不知道还有一张写着这句话的抽奖券？”

“这是我刚刚写好，然后偷偷放进去的！”蒂娜小声地告诉汤姆。她得意得满眼放光。

“‘幸福就在爱情里。’说得好！我们应该庆祝一下。我能邀请你喝杯咖啡吗？”穿西装的年轻男子终于发出了邀请。

“我很愿意。”她接受了他的邀请，“多亏了你衷心的祝福，才让我拥有这样的好运。”

“我们走吧！谢谢你们两个小家伙，再见！”

“是的，要感谢你们。你们两个才是真正的幸运使者。再见！”他们转身离开，年轻的小姐又回头冲蒂娜和汤姆挥了挥手。

“他们俩刚才跳起来了！”汤姆惊奇地对蒂娜说。

“他们俩相爱了，你个笨蛋！”蒂娜真受不了汤姆的迟钝。

汤姆恍然大悟：“啊！原来是你一手策划的！”

蒂娜很得意："那当然了！"

"你真聪明，又善解人意。"

受到这样的称赞，蒂娜都有点脸红了。她突然想起要赶快回家了，于是催促道："快点，赶紧把东西收拾起来。不然就太晚了。"

幸福是一份礼物

根据以往的经历，你也许已经知道，好运不能被创造，我们只能去寻找它。如果一个人找到了自己的爱人，那么他就能体会到幸福。他会惊喜地发现，自己被浓浓的幸福感所包围——就像是收到了一份意外的礼物。

汤姆飞快地爬着楼梯，他回来晚了，太阳已经落山很久了。

他摘下脖子上拴钥匙的绳子，把钥匙插进锁孔。

"希望妈妈还没回来。"他一边想一边蹑手蹑脚地打开门，打算悄悄地溜进去。

"你去哪儿了？怎么这么晚才回家？"这是妈妈的声音。

汤姆结结巴巴地说："我去找蒂娜了。"

"去找蒂娜了？你知道现在几点了吗？"

"不知道，我们在一起玩了很久。"

"所以你就忘了时间？"

汤姆点了点头，看着妈妈走过来。

“那么，你是写完作业才出去玩的吗？”

汤姆不敢再看着妈妈了。他先把目光从妈妈身上移开，又慢慢低下头。妈妈已经抬起手，准备打他了。汤姆吓得缩了一下身子。妈妈还是把手收了回来，她想了一会儿，露出了的笑容：“哎呀，我应该为你安全回到家而感到高兴才对。对不起，刚才我是因为担心你才生气的。”

开心的时候容易忘记时间

当你全神贯注玩的时候，就会忘记周围的一切。你很投入，玩得很尽兴，尽管你可能自己没有意识到——当你和朋友在一起时，时间会飞快地过去。所以你常常听到大人说：“时间从不打搅玩得高兴的人。”

妈妈抱着汤姆，在他额头上留下了一个吻，还在他的耳边轻轻地说：“有你，妈妈觉得真幸福。”

汤姆幸福地笑了，又给了妈妈一个大大的拥抱。

“事情又向着好的方向发展了。”汤姆心想，“今天真是奇怪却又美好的一天。”

什么带来好运，什么让人倒霉?

人们总在期待好运，同时也希望一些所谓的“幸运符”能给自己带来好运。这些“幸运符”中寄托了人们热切而美好的期待。

四叶草

四叶草十分罕见，据说能够找到四叶草的人就能找到幸福。你可以试着去草地里找一找，如果找到的话，就把它夹在一本厚厚的书里保存着，这样，好运就能与你相伴。

扫烟囱的人

穿着黑色工装的扫烟囱工人看上去与众不同，他们及时地清理烟囱和壁炉，以保证房屋免遭火灾。德国人相信，谁要是出门在外遇见烟囱清扫工，就会一整天都顺利；而如果谁在和烟囱清扫工擦肩而过时在他身上摸一下，那这一天都会交好运。

幸福的小猪

在很久以前，猪对于人们来说具有很高的经济价值。要是哪个农民拥有很多头猪，他一定是个富有的人。在中世纪

的游戏比赛中，常用猪当做奖品。

碎片

人们常说“碎碎平安”，即岁岁平安的谐音。打破碗盆、杯子等餐具会让人感到难过。但是人们希望，在这样不好的情景过后，会出现好的、幸运的事。

还有一些符号，人们把它们看成是倒霉或者不幸的象征，例如数字 13 和黑猫。

你肯定明白，好运并不是幸运符带来的。但是，它们确实能够提醒我们注意一些正在发生的美好的、幸福的事情。因此，你要学会把握好运。同样，黑猫、星期五还有数字 13 也并不会招致不幸，这些符号也在提醒着我们应当小心谨慎，注意避免一些不利的事情。

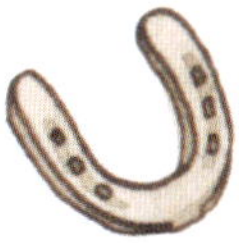

什么能够给你带来好运?

- 开怀大笑
- 在比赛中获胜

- 吃到最喜爱的食物
- 被爸爸妈妈拥抱
- 爷爷奶奶突然来访
- 郊游的时候赶上晴天
- 庆祝自己的生日

你可以回忆一下最近让你感到特别幸福的事，然后把它们写下来。

什么有可能让你难过?

- 摔倒，而且摔得很疼
- 课堂测试得了很烂的分数
- 被爸爸妈妈批评
- 画的画很难看或者手工没有做好
- 最要好的朋友搬走了

现在，你再想想过去几天让你感到难过的事，然后也把它们写下来。

拥有朋友是最大的幸福

马克斯和尼克拉斯形影不离

“这是大家放假前的最后一次课堂作业。”数学老师抱着一摞作业本走进教室说。

“妮娜，进步很大哦！”

妮娜高兴地跳起来，接过作业本。

“马克斯，这次又做得非常棒。”马克斯慢慢地站起来，笑眯眯地接过自己的作业本。他得意地环顾了一下教室四周，才把作业本放到桌子上，“哐当”一声坐到了椅子上。

“茱莉娅，真不错！”

“哟嘿！”茱莉娅拿着作业本，开心地看着自己的好朋友劳拉。

老师继续把其余的作业本发给其他同学。现在，她手里还剩一本作业本，只见她皱着眉头摇了摇头。

“尼克拉斯，可惜你完成得不太好。”尼克拉斯慢慢地站起来，就在要接过作业本的一瞬间，一不小心没有抓住，本子像蝴蝶一样翩翩飞舞起来，落到了地上。

“别泄气，尼克拉斯。我理解你，在过去的几周，你经历的事情对你影响很大。”数学老师试图安慰他，“我打算跟你的爸爸妈妈谈谈，这将对你有所帮助。”

尼克拉斯早就听不进去了。他弯下腰去捡作业本，看到刚好被吹开的那一页上布满了密密麻麻的修改批注。他的得分是 4–5 分（德国小学采用 5 分制，1 分最好，5 分最差）。等他直起身来，看到了马克斯脸上苍白的表情。马克斯既是他的同桌，又是他的好朋友。他正疑惑地看着尼克拉斯。

“这下可好了。”尼克拉斯小声地说。

“什么跟什么啊？”马克斯听得一头雾水。

“我进不了好的中学了。”

“难道你不跟我一起去新区的中学读书了吗？”

“像我这样的成绩，可能去不了了。”尼克拉斯擦掉脸颊上的眼泪，哽咽着说。马克斯把手搭在尼克拉斯的肩上安慰他。

“可我们还是好朋友啊！”马克斯给了尼克拉斯一个拥抱。

“同学们，请安静一下！”数学老师的声音压过了班级里同学们嘈杂的喧闹声，“我们的目标是做到越来越好。”随后同学们的议论和窃窃私语渐渐消失了。老师把第一道题的答案写在了黑板上。

每个人都需要朋友

孩子需要朋友。你需要有其他伙伴陪你一起玩，一起做些喜欢的事，以及诉说心事。朋友之间能够互相帮助，一同分享。当你和好朋友在一起的时候，会感到愉悦和舒服。当然了，朋友之间有时也会发生争吵，不过因为是朋友，所以很快就会互相谅解，重归于好，也只有这样，友谊才能长久地保持。

下课铃响了，所有人都从座位上站了起来，把笔收进笔袋，再把其他学习用品和书装进书包。马克斯也收拾好自己的东西，然后跑到教室门口等待尼克拉斯。尼克拉斯慢吞吞地离开了教室，他还是闷闷不乐地低着头。

“把你的书包给我，我替你背。”马克斯看见尼克拉斯情绪低落的样子，想帮帮他。

尼克拉斯摇了摇头：“你就别管我了。”

“说什么呢？我可是你的好朋友。这种时候，怎么可能不管你。”

尼克拉斯耸了耸肩。

“我不相信你不能去上新区的中学。”马克斯继续说。

“以我这样的成绩肯定考不上的。”

马克斯正要鼓励自己的好朋友，可是还没等他开口，就听到了四个女生妮娜、尤利娅、劳拉和梅丽娜咯咯唧唧的嘲笑声。她们四个站在楼道里，正凑在一起说尼克拉斯的坏话呢。马克斯和尼克拉斯从她们身旁经过时，她们爆发出一阵大笑。

劳拉尖叫道：“笨蛋！”

“对，真笨！”尤利娅赞同地嘲笑着。

“她们在嘲笑我！”尼克拉斯回头看着这帮嘲笑他的女孩。妮娜更加过分，她用两个食指掰着嘴角，咧到两边，一边嗤着鼻子，一边翻白眼做着鬼脸。

“什么呀！你们不许胡说八道！”马克斯从书包里抓出一张纸，揉成一团，朝这帮取笑他好朋友的丫头扔了过去。劳拉一把接住了纸团：“没打着！亲爱的马克斯小朋友！”其他女孩更加得意地笑了起来。

“她们都在嘲笑我！”尼克拉斯快要哭了。

“哪有啊，她们不是这个意思。”

尼克拉斯没精打采地走在马克斯的身旁。因为情绪太低

嘲笑别人是粗鲁的行为

笑是好的，但是嘲笑别人是一种粗鲁的行为。当我们因为别人的失败或失误而笑话别人的时候，就叫作幸灾乐祸。有时候，我们也因为别人举止怪异或者跟我们不一样而嘲笑他们。但是，没有人愿意被嘲笑。所以，请不要嘲笑别人，也不要把自己的快乐建立在别人的痛苦之上。

落，他都没有意识到自己刚刚经过了足球场。

“射门！”达尼尔大喊一声，兴高采烈地转过身。守门员乔纳斯追着球，钻进了茂密的灌木丛。灌木丛前立着两个书包，它们扮演着两根球门柱的角色。在“球门”对面，是由两件运动衫组成的另外一个“球门”。过了一会儿，乔纳斯用胳膊夹着球，从灌木丛中钻了出来。

“来吧，我们也踢会儿球吧！”马克斯拍了拍尼克拉斯的肩膀说。

“现在没兴趣。”尼克拉斯两手紧紧插在口袋里，把脚边的一块石头踢进了草丛。

身在集体让人感到幸福

当我们归属于某个集体的时候，会感到幸福。这个集体可以是你所在的班级，可以是你和朋友们组成的小“团体”或者小“帮派”，也可以是你参加的球队，还可以是你和最好的朋友组成的“死党联盟”，当然你的家庭也是一个集体。在你所属的集体中，你有固定的位置，身在其中，你感到十分惬意和自在。你知道，在这个集体中，你受到其他人的欢迎，这个集体需要你，期待着你的到来。同时，集体中的成员们还可以相互支援，互相帮助。

“嘿！你们俩，”法毕恩热情地邀请他俩，“想一起踢吗？”

“不了，尼克拉斯今天没兴趣。”

“为什么？怎么了？尼克拉斯不想踢吗？”莱昂和其他男生都跑了过来。

“你怎么了？”弗洛瑞安问道。

“我看我是进不了新区的中学了。”

雷奥为他感到惋惜：“真糟糕。”

“太可惜了！”弗洛瑞安也跟着说。

“最重要的是，我以后就不能跟马克斯上同一所学校了。”

“但你是我们镇上最棒的足球前锋，不是吗？”雷奥试着安慰尼克拉斯。

马克斯点点头，对尼克拉斯露出鼓励的微笑。他说：“我们还可以继续在同一个球队踢球啊！”

“我们是最棒的锋线组合！”尼克拉斯攥紧拳头，浑身充满了力量。

“每次都是你射进的球最多！”马克斯越说越兴奋。被点燃希望的尼克拉斯已经不再需要别人的安慰和鼓励了。他迫不及待地用力开球。结果，足球没有飞进球门，而是撞上了当作左边门柱的书包，还把它撞进了灌木丛。

“天呐！”大卫喊了起来，“我可怜的书包！”所有人都笑了。

大卫立刻钻进灌木丛寻找自己的书包。“嘿，我得向你们求援，快来帮帮我。我的书包掉进沟里了！”

马克斯、尼克拉斯、丹尼尔、雷奥和弗洛瑞安相互对视了一下，然后对大卫说：“好吧，我们不会袖手旁观的！”

“出发！立刻展开书包营救行动！”尼克拉斯拍手召唤大家。

“我们是‘书包消防队’。”弗洛瑞安认真地说。他的样子就好像消防队员正拿着消防水管要去扑灭大火。

过了一会儿，男生们从灌木丛中爬了出来。

帮助别人，快乐自己

帮助他人，能让自己感到快乐和满足。当同学做作业的时候遇到难题，你可以帮助他解决疑问；别人伤心的时候，你可以安慰他；别人遇到困难的时候，你可以伸出援助之手。你会发现，帮助他人，不仅能让他们的情况得到好转，你自己也会受益，因为你做了非常有意义的事情，你会为自己感到骄傲。

在尽己所能地帮助他人的同时，你也会有需要帮助的时候。当你遇到困难时，得到他人的帮助会让你感到高兴和欣慰。

大卫抱着书包，是最后一个爬出来的。

“把你的书包放回原来的位置，它还得当一会儿门柱。”尼克拉斯用左右脚来回传着球说。

“没门儿！这次用你的。”大卫心有余悸地拒绝了尼克拉斯。

“这主意不错。没准一会儿会有人再把书包，顺带里面那些讨厌的作业一起踢进灌木丛。再也找不回来才好呢！”

尼克拉斯把球踢到一边，拿来自己的书包，用力扔在草地上，替换下了刚才掉进沟里的“门柱”。紧接着，球赛开始了。尼克拉斯又是射门最多的。

“这可是我今天的第十个球了！”他开心地为自己鼓掌欢呼。他满脸通红，浑身是汗。

“真厉害！我就知道你是最棒的！”

尼克拉斯又想起了今天糟糕的经历，难过地说：“踢球的时候还算是，但我的数学就考了这么点分，不够上新区的中学的分数线。”

“但是数学老师说了，以你最近的情况，这已经不错了。”

丹尼尔和雷奥走过来跟他们俩道别：“太晚了，我们得回家了。”

“我也得走了，把球还我。”弗洛瑞安从远处喊道。他接过球，一边踢着，一边跑出了他们的“球场”。

其他人都走了，尼克拉斯接着问马克斯：“你刚才说什么？”

“数学老师说，你遇到那种事情，这成绩已经算是不错了。”

“我怎么没听见。”

“真的说了。”

“你瞎编的。”尼克拉斯慢慢地捡起书包，“你只是不想让我那么难受，才这样安慰我的。”

“信不信由你。对了，我跟你一起回家吧，不过我得先回家说一声。”

马克斯从裤兜里拿出钥匙，打开门。

“怎么这么晚才回来？”这是马克斯爸爸的声音，他的嗓门可真大，整个屋子都能听到。

“我们去踢足球了。”

“踢了这么长时间？你上次的课堂测验得了多少分？”

“2＋！”

“要是能得1多好啊！”

感到幸福才是真正重要的

对于一些人来说，拥有一辆名车、一座大房子和很多钱是非常重要的；对于另一些人来说，努力工作并且在事业上取得成功是非常重要的。这些固然很好，但是有了它们并不代表就一定会幸福。同理，分数也不是最重要的。最重要的是你的生活很幸福。只有你热爱生活，才会感到幸福。幸福的要义是爱和被爱——就是爱别人，同时也得到别人的爱，例如你与爸爸妈妈、爷爷奶奶、外公外婆、兄弟姐妹和好朋友之间的爱。

“我知道！我会继续努力的。”马克斯给出了爸爸希望听到的回答，然后调皮地翻了一个白眼。听到这样的对话，尼克拉斯又低下了头。

“下次你要更加认真努力。记住，要想达到目标，就要早下功夫。”

马克斯又翻了一个白眼。

“哇！你爸可真严厉。”尼克拉斯不由自主地发出了感叹，都忘了自己还在马克斯家呢。

“对了，我还要去尼克拉斯家。”马克斯跟爸爸打了一声招呼。

“好吧，别回来得太晚。”马克斯爸爸的声音听上去总是那么严厉。

尼克拉斯催促马克斯说：“快点，我们走吧！”

尼克拉斯打开家门，从门缝里飘来一阵香浓的咖啡味。

“你回来啦？尼克拉斯。”妈妈高兴地跟他打招呼，“太好了，你还把马克斯带回来了。”尼克拉斯点了点头，把书包扔在走廊就进了客厅。

“你爸爸也已经回来了。我们正准备等大家都到齐了，就开始喝咖啡了呢。”妈妈指着桌子上的蛋糕说。

“你终于回来了！我快等不及了。”娅娜迫不及待地坐到了桌子边上，等着爸爸妈妈赶快切蛋糕。“你好，马克斯。

你肯定也饿了吧？”

“当然了，我们踢了整整一个下午的球。”

“是啊！”尼克拉斯点了点头。

“你哥哥可是最厉害的哦！数他射门次数最多。”

“我们的尼克拉斯是个非常棒的球员。”尼克拉斯的爸爸拿着咖啡壶走进客厅说。

“哎呀，哪有……”尼克拉斯有点不好意思了，他把头埋到了撑在桌子上的胳膊中间。

“怎么了，尼克拉斯？你怎么不太说话呀？”妈妈给孩子们倒上苹果汁。

每个孩子都渴望得到爱——也希望奉献爱

得到关爱——包括来自父母、长辈以及其他人的关爱——对于孩子来说是十分重要的。这样，他们会感到幸福并充满力量。当一个人对你说他很欣赏你或者喜欢你的时候，这种感觉很美妙。同时，赞赏或者喜欢别人，那种感觉同样美妙。当你想到爸爸妈妈和爷爷奶奶、外公外婆时，有种被幸福包围着的感觉，那么你就会明白自己有多爱他们。当你把这份爱表达出来的时候，会感到无比的幸福。

“我看我是考不上新区的中学了。上次的数学课堂测验才得了4–5分。”尼克拉斯心情沉重地看着爸爸妈妈。

“别说得那么夸张。你知道，分数并不是最重要的。”爸爸安慰他说。

“最重要的是我们有你。”妈妈张开怀抱，尼克拉斯感动地抱着妈妈。

“你也知道，不管你考得好与不好，我们都一样爱你。现在什么都不要想，先吃一块蛋糕吧，然后我们再继续讨论接下来该怎么办。”爸爸小心翼翼地把蛋糕铲伸到一大块草莓蛋糕底下，然后把蛋糕稳稳地放进了尼克拉斯的盘子。

马克斯突然想起了一件事：“数学老师也说，一切都会好起来的。难道你又忘了？”尼克拉斯难以置信地摇了摇头。

“我没听见。而且就算是真的，那又怎么样？这种话谁都会说。”

“尼克拉斯又说胡话。叔叔阿姨要不要给我们的数学老师打个电话？”马克斯把头转向尼克拉斯的爸爸妈妈。

“我们早就打算这么做了，只不过想等这次数学测验的成绩出来以后再打。”

“尼克拉斯，数学老师当然知道你是一个优秀的学生。外公的去世使你的成绩受到影响，这很正常。”妈妈摸着尼克拉斯的头说。

爸爸决定说：“我们最好现在就给数学老师打电话。”

“好像一次电话会议呀！”娅娜拿来了电话。

妈妈拿着电话，耐心地等待着电话接通的声音。其他人静悄悄地围坐在桌子周围。尼克拉斯紧张地在指缝之间摆弄叉子，结果叉子“哐当”一声掉在了地上。

“您好，老师，我是尼克拉斯的妈妈。”她点头问好，“很遗憾，尼克拉斯上次的数学测验成绩不够理想。他现在很担心自己上不了新区的中学。”尼克拉斯的妈妈依旧微笑着点头说。

“我能调成免提吗？这样，尼克拉斯也能跟您通话了。”妈妈征求了老师的同意。

“尼克拉斯，你要知道，你是一个好学生。而且，只要你把自己调整回最佳状态，就一定能考上新区的中学。”尼克拉斯刚刚把叉子从地上捡起来，听到数学老师对他说的话，有点迟疑和不自信，但还是勉强露出了微笑。

“是的，我父亲的去世让尼克拉斯很受打击。他再也不相信自己的能力了。”虽然隔着听筒，妈妈仍然微鞠一躬，向数学老师的鼓励表示感谢。

数学老师说：“我能感觉到尼克拉斯的悲伤和不幸。连他上课的时候都心不在焉。”

“您能这么理解尼克拉斯，让我们松了一口气。他很想

跟马克斯继续进入同一所中学读书。”听到妈妈说出了自己的心声，尼克拉斯和马克斯都在拼命点头。马克斯还笑嘻嘻地伸出了大拇指。

“这俩人可是铁哥们儿！马克斯，你要帮助尼克拉斯走出悲伤啊，陪着他恢复到从前良好的状态。”

马克斯笑着点点头，尼克拉斯的爸爸用力地握了握他的手，小声跟他说：“你真是尼克拉斯的好朋友！”

“衷心地感谢您！老师，再见！”尼克拉斯的妈妈挂断了电话，转过头对自己的儿子说："现在，让我抱抱你吧！"说着，她把尼克拉斯从椅子上高高举起，抱在了怀里。

"你为什么会有那样的担忧呢？你知道的，不管你遇到什么事，都可以随时来寻求我们的帮助。有一件事是永远都不会变的，那就是我们爱你。你是我们的儿子，我们的小王子。"妈妈动情地说。

"那我就是小公主了？"娅娜赶紧插话，这种时候怎么能少了她呢。

"你当然是我们的小公主了，有时候还是睡在豌豆上的公主。"爸爸笑着说，"现在，让我们来好好庆祝一下吧！"

"为了我们俩能够永远在一起！"马克斯好一会儿没有说话了。

你是一个小公主 / 小王子

每个孩子都是特别的，独一无二的。每个孩子都应当有一个幸福的童年，应当自信和满足。每个孩子都应该有这样的感觉：好像自己是一个小公主或者小王子，带着王冠，穿着美丽的衣服。别忘了，童话的结尾都是这样的："就这样，他们过上了幸福的生活。"孩子们应该像童话里的王子和公主一样，生活得幸福而满足。

“为了有你们这些可爱的孩子！”

“为了我最好的朋友——马克斯！”

“等我一下，我去去就来。”过了一会儿，爸爸拿着一盒火柴和一个长方形的盒子回来了。

“这是过圣诞节的时候剩下的。”

娅娜说：“今天真像过圣诞节，不过就是没有礼物。”

妈妈说：“谁说没有？”娅娜一听，瞪大眼期待着惊喜。

“我们能够在一起，而且这么幸福，这就是礼物呀！”

“为了我们的幸福和好运！”爸爸点燃第一支烟花，把它递给马克斯说：“献给世界上最好的朋友！”烟花燃烧起来，火花照亮了马克斯的笑脸。

“下一支要献给世界上最美丽的小公主！”第二支烟花也被点燃。

“第三支要给世界上踢球最棒的小王子！”尼克拉斯接过烟花，然后靠近马克斯手上的那支。两支烟花靠在一起，形成了一小团火球，发出双倍的光亮。

爱你的人会对你说什么……

当爱你的人，比如爸爸妈妈、爷爷奶奶、外公外婆、叔叔阿姨、爸爸妈妈的朋友还有你的朋友，想要表达对你的爱时，他们通常会这样说：

- 有你真是莫大的幸福！
- 有你真好！
- 我们永远欢迎你！
- 我就爱你本来的样子！
- 我爱你胜于一切！
- 你是最棒的小伙子／小姑娘！
- 做你自己！
- 凡是有任何需要或者任何疑问，可以随时来找我。
- 即便你出了什么问题或者做错了什么，我依然爱你！
- 即便我生你的气，我也依然爱你！
- 即使我们吵架，还是会和好，然后我们还是好朋友！
- 我们永远在一起！
- 我会永远陪伴你！
- 把所有的祝福都给你！

当然，爱你的人不会总把这些话挂在嘴边。他们也会通过别的方式来表达：送给你一份礼物，邀请你一起参加活动，或者跟你一起做一些美好的事情。

不过，当你听到这些话或者他们大声地对你说出来的时候，你会更直接地感觉到他们有多爱你。

为什么朋友如此重要？

对于所有人来说——包括大人和孩子，朋友都非常重要。有朋友的人，生活才会圆满。跟朋友在一起，会经历许多开心又美好的事情。更奇妙的是，与朋友在一起远远比自己一个人经历的事情更加有趣。

回想一下，友谊中什么让你感到美好。下面给你提供一些思路。

如果你有一个好朋友：

- 你们可以一起玩
- 你们可以一起画点什么或者动手做点什么
- 你们可以互相帮助
- 你们可以一起露营
- 你们或许会发生争吵，但是很快就会和好
- 你们会为彼此着想
- 你会明白朋友需要你为他／她做什么

- 你会明白你很重要
- 你会减少忧虑和担心
- 有个人总会陪你说话
- 你可以给他／她打电话，只是为了能闲聊一会儿

现在，你可以把你认为友情中美好的事情写下来了。

快乐传递着
源源不断的幸福

蕾娜和尼尔斯期盼惊喜

“孩子们，下周就是你们的生日了。”蕾娜和尼尔斯的爸爸对他们说。

尼尔斯点点头，刻意放缓了语速而加强了语气说：“到时候，肯定有巨大的惊喜等着我们。”他滴溜溜地转着眼珠，好像有一肚子的鬼主意。

“我都等不及了。”蕾娜激动地两只脚轮换着跳来跳去。

尼尔斯有点不耐烦了：“能不能提前稍微透漏一点信息？”

“不行，有期待才是最大的快乐！”妈妈在工作室听到了他们的谈话，她耐心地安抚孩子们。

“讨厌的期待，我可不喜欢等待。”尼尔斯一边嘟囔着，一边跑到厨房门口的日历跟前，数数还有几天才是他们的生日。

尼尔斯喃喃自语地说：“还要等整整 7 天。”

爸爸带着故意挑逗的微笑说：“我们严守秘密是为了让你们有更大的惊喜。”

“禁止卖关子！”蕾娜急了，捏着爸爸的胳膊叫着。

“对！禁止卖关子！”爸爸被孩子们着急的样子逗笑了，不过他现在决定见好就收。

“好了，你们该去做作业了。”妈妈的话好像一道命令。

蕾娜和尼尔斯是一对龙凤胎，目前在上小学四年级。听到妈妈的“命令”，他们溜进了自己的房间。

期待是最大的快乐

每当生日或者圣诞节快要来临的时候，你都会老早就迫不及待了，是不是？这种情绪就叫期待。这段时间，你的心情变得兴奋激动，心中有按捺不住的焦躁，直到那一天终于来临。你心里只有一个念头：“要是马上就能收到特意为我准备的礼物就好了。”对吗？其实，你可以充分享受这份期待，尽情想象即将到来的美好的惊喜。

过了一会儿，蕾娜跑到尼尔斯那里，揪着自己的耳朵抱怨道：“真烦，还要等那么久。”

“就是！爸爸妈妈到底给咱们准备了什么礼物？”

“妈妈说过，不是每个人都能随便拥有的。”

“我等不了那么久了。不管怎么样，咱们必须想点办法，把礼物找出来。”

“同意！不过，怎么才能找到呢？”

“等爸爸妈妈明天去买东西的时候，咱们就搜遍家里的每一个角落，或许能找到一份很大的礼物。”

“如果特别大，那肯定不会藏在家里。”

“或许到了那一天，他们会用卡车把礼物送过来！”

“这里没有。”尼尔斯拿着手电筒，从爸爸妈妈的床底下钻出来，然后抹掉鼻子上的灰尘。

“我也什么都没找到。”蕾娜钻进妈妈的衣橱，头被埋在悬挂着的衣服中间，所以她的声音很小，根本听不清楚。尼尔斯只能看到她的脚后跟。

“快点出来。”尼尔斯把不放弃寻找的蕾娜从衣橱里拽了出来。爸爸妈妈的衣服被弄得满地都是。他们俩叹了口气，迅速地把扔在地上的毛衣、衬衣、裙子塞进了衣橱和抽屉里。

失望也是常有的事

十分期待或者有十足把握的事没有按照预期发生的时候，会让人失望。这确实遗憾。有时候，你的情绪会超越失望，变成生气和烦躁。如果感到特别失望，甚至会让你感到受打击，变得非常伤心。你需要一点时间来平复心情。

“这不行！”蕾娜检查了一下他们收拾的成果，然后叹了一口气，“这样肯定会被爸爸妈妈发现的。”

“我们还得接着找，去地下室看看吧！”

蕾娜和尼尔斯迅速地跑到地下室。过了一会儿，他们还是无功而返。于是，俩人回到蕾娜的房间。

“什么都没找到，什么线索也没有。”尼尔斯耷拉着脑袋。

“找不到，又实在想不出来到底是什么样的惊喜。”蕾娜感到束手无策，只好把小手塞进嘴里啃手指头。

“只有地下室里那块奇怪的玻璃从来没见过。”

“是呀，真奇怪。”

“怎么变成这个样子！真是一团糟！”一声吃惊的叫喊声划破了屋子的寂静。爸爸妈妈回来了！妈妈生气地嚷嚷起来：“我们的衣服被扔得都到处都是！”

“地下室怎么乱成这样？进来贼了吗？”爸爸从地下室快步冲上来，“我的工具也被翻得乱七八糟的。”

蕾娜和尼尔斯推开一条门缝，探头探脑地从里往外张望。然后相互对视了一下，咕噜咕噜地转着眼珠。

“蕾娜！尼尔斯！你俩快点下来！”爸爸妈妈就像和声一样喊道。

“我们只是想……”蕾娜和尼尔斯的回答也异口同声。

“我猜，你们翻遍所有的地方，是为了找出我们到底准备了什么惊喜。”爸爸的话带着责备的语气。

“尽管你们把屋子弄得乱七八糟的，我们还是要送给你

们一份特别的礼物。”妈妈无奈地摇了摇头。

“我才不稀罕你们的礼物呢！”尼尔斯发起了小脾气。两个小家伙站在卧室里。尼尔斯双手掐着腰，蕾娜又开始啃自己的手指头。

“既然是惊喜，就要一直保守秘密，直到你们生日那天！”妈妈开始安慰他们，“我们想送给你们一件特别的礼物。”

“或许我们可以给他们透露一点点信息？”爸爸的同情心开始发作了，他看着妈妈，妈妈同意了。

“哦耶！”尼尔斯和蕾娜发出了庆祝的欢呼。

“但是只能透露一点点。这个神秘的礼物跟马有点关系。”

“是头小马驹？”

“一头属于我们的真正的马？”

面对这两个迫不及待的孩子，爸爸无奈地摇了摇头说：“你们俩有谁知道这样一句谚语：世间的幸福莫不在马背上。”

“世间的幸福？”蕾娜疑惑地撅起鼻子。

“是呀！奔驰在骏马上，那感觉想想就美妙无比。”妈妈陷入了想象。

“好啦，现在就请你们一起动手，帮我们把扔得到处都是的东西恢复原貌吧！”爸爸的话很坚定。大家齐上阵：首先把地下室里的工具收拾起来，然后是爸爸妈妈卧室里的衣服。

给予能够带来快乐

当我们喜欢一个人的时候，会送给他礼物。因为想为他准备一份特殊的惊喜，所以我们就得好好想想，什么才有可能给他带来惊喜。你可能会搜出一些适合他的现成礼品，也可能亲自动手做个手工，或者画上一幅漂亮的画。给予这种行为也会给送出礼物的人带来快乐。所以，相互赠送礼物，就能给双方都带来快乐。

“哎！可真够累的。”尼尔斯看了看蕾娜。

“是呀，我差点就忘了咱们那个大大的惊喜了。”

“但是，我们现在只好继续等了。我觉得空等实在是傻得很。”尼尔斯又滴溜滴溜地转着眼珠，不知道他在想什么鬼主意。

“我也觉得。不过我倒是有个主意，我们也给爸爸妈妈准备一个巨大的惊喜，怎么样？”

“嗯？”尼尔斯的疑惑写成了额头上的褶皱，褶皱的形状就好像一个个平躺的问号。

“我们也卖卖关子，让他们也尝尝迫不及待那种难受的滋味。”

“这个主意不错！不过具体怎么办呢？”尼尔斯和蕾娜

把脑袋凑在一起，一边思考，一边讨论，直到说得口干舌燥。

“你们休息得怎么样了？还觉得累吗？”妈妈的声音听上去又变得欢快起来。

蕾娜笑嘻嘻地看着妈妈：“那你们呢？还生气吗？”

“当然不了！我们也十分期待你们的十岁生日快点到来。真是意义非凡。”

“还有那个大的……也非常特别。”爸爸像哼着小曲一样飞快地把这句话说完。

“……大的生日惊喜！”蕾娜兴奋地玩起了文字接龙。

“这个惊喜也是我们……”尼尔斯继续接上后面的句子，还着重强调了“我们”这个词，“……给你们准备的。”

“你们？”妈妈吃惊地问。

“给我们？”爸爸接着问道。

“是的，我们，给你们！”尼尔斯和蕾娜齐声说。

“而且这份惊喜也十分独特。”

“特别特别的独特。”

爸爸笑着说：“你们也用这一招啊？非要吊吊我们的胃口。”

“为什么要给我们准备惊喜呢？”妈妈诧异地看着他们问道，“我们又没过生日。”

“但是你们养育了我们十年呐！”

“而且这可是一份双胞礼。”

“这倒没错！那我们就有理由接受这份礼物了。”妈妈开心地把胳膊搭在爸爸的肩膀上说。

“你们已经是我们最大的礼物了，所以就不再需要什么特别的礼物了。”

“没错，我们就是最好的礼物。”

“尽管这样，我们还是想为你们准备一份特殊的惊喜。”

“顺便，让你们也尝尝备受煎熬的滋味！”

“啊！我现在知道你们为什么要送礼物给我们了。”妈妈笑着说。

“爸爸妈妈走了吗？”

“嗯，我们可以开始行动了！”尼尔斯和蕾娜换上旧衣服，来到地下室。

分享幸福，让幸福加倍

让别人幸福，能够给自己带来巨大的快乐。你会看到他露出幸福的笑容，这对你自己也有好处，你会为别人的幸福感到快乐。所以，幸福是可以分享的。分享幸福和得到幸福的人都很快乐，于是就有了双倍的幸福。所以说，分享幸福，幸福就会加倍。

“哎，这项工程可真够艰巨的。”蕾娜感慨道。

“但是成果一定会非常显著！会很漂亮的！”

“就是！看看这颜色在灯光下面多么闪耀。”

“要是在太阳光下面，岂不是更漂亮了？你那边可以再用毛笔加点红色。”

“你也可以让马背的颜色再深一点。”

尼尔斯拿着毛笔跨了一个大步，不小心踢到了涮毛笔的罐子，罐子“哐啷”一声，晃了好几下，水花溅了一地。

蕾娜嚷嚷道：“看看你干的好事！”

尼尔斯看了看地上：罐子里棕色的脏水都洒到地上了。

幸福像玻璃一样易碎

当你一切顺利并且身处幸福的时候，肯定不愿意让它轻易就离开你。但是，幸福就像玻璃一样，容易破碎，甚至在瞬间就会毁灭消失。所以，当幸福来到我们的身边的时候，就好好地享受它吧！就算幸福转瞬即逝，我们会伤心难过，但你要知道，幸福随时都会再次来拜访我们。

“我又不是故意的。”

“本来多漂亮啊。都怪你，我的画都被溅上水了。”

“也没那么糟糕。我帮你稍作修复，不就行了吗？”

过了一会儿，尼尔斯说：“看看吧，现在是不是比之前更漂亮了？”

“算你走运！要不然我肯定生你的气了。”

“在玻璃板上画画多好呀，可以洗了再画，重复利用呢！”

“大功告成！咱们快把东西收拾好吧，把玻璃板推到角落里去，以免被爸爸妈妈看到。”

“明天天亮之前，他们是不会来地下室的，更不会到边边角角的地方去。他们还得给咱们准备过生日呢！”

“他们刚才一定是为了给咱们准备那个特大的惊喜，所

以 出去买东西了。”

“肯定是！”

“有好运与幸福相伴……”听到爸爸妈妈为自己唱着生日歌，尼尔斯和蕾娜激动地从卧室里跑了出来。

“今天终于来了！”蕾娜欢呼着。

“特大惊喜呢？”

“特大惊喜在哪儿呢？”

“别着急。先让我们祝你们十岁生日快乐。”爸爸抱起尼尔斯，给他的小脸蛋送上了深深一吻；妈妈也抱起蕾娜，给了她同样的一个吻。然后爸爸妈妈再把两个宝贝交换过来。

妈妈激动地说：“能有你们这两个宝贝疙瘩，我们真的感觉太幸福了。”

“我们一家人在一起，你们为我们带来了无尽的快乐。”爸爸抱起蕾娜在空中转圈圈。

“我们能这么开心，这也是极大的幸福。”

“我们也很开心，不过……”虽然吞吞吐吐，但是尼尔斯还是按捺不住，终于开口了，他要提醒爸爸妈妈他们此刻最关心的事。

“你们想看看期待已久的特大惊喜？”

“对！”

开心就好!

在许多方面，孩子远远比成人做得好。最重要的原因是，他们会尽情地、真实地表达自己的快乐。快乐对于孩子来说很简单，很单纯，可以是高高跳起，可以是大声欢呼，还可以是开怀大笑。这就是纯粹的幸福和快乐。

“没问题！打开卧室门就能看到它了。你们一定会惊叹的。”

“就跟过圣诞的感觉一样。”蕾娜激动地小声嘀咕着。

“啦啦啦……”妈妈哼着欢快的曲调，打开了卧室的门。

尼尔斯和蕾娜本想冲进卧室，可是在门被打开的一瞬间，他们俩张着嘴，呆呆地立在了门口。

卧室里堆满了玻璃器皿：有玻璃瓶、圆形的玻璃罐和两个小的玻璃水族箱。每个器皿里都有什么东西在游动。阳光透过这些玻璃器皿照进水里，摇曳的波纹被反射到墙上以及尼尔斯和蕾娜的眼睛里，整个房间变得五彩斑斓。

“哇！”尼尔斯情不自禁地发出感叹。

“啊！”蕾娜也感到意外惊喜，可是过了一会儿，她才反应过来：“可是……小马驹在哪儿呢？”

“过来，我来指给你们看这些玻璃器皿里游的都是些什么。”爸爸妈妈笑着说。

尼尔斯和蕾娜小心翼翼地挪动脚步，慢慢地靠近他们的礼物。

“这是一条狮子鱼。”

“这是两条小丑鱼。”

“而这里呢，是……”

他们俩既好奇又兴奋地瞪大眼睛。靠近每一个玻璃器皿时，都特别认真地观察着里面的鱼，还连连发出“哇！”“超棒！”的惊叹。

“看这儿！这就是那两匹小马驹。”妈妈指着水里两个正在移动的生物说，它们看上去不像鱼，倒像是两个问号。

“这是海马！”

美好的事物能带来幸福

当你看到美丽的动物或者漂亮的花朵时，会感到兴奋。你被吸引了，并且情不自禁地想要仔细观察它。当你为美好的事物感到欣喜时，内心会充满欢乐和满足。因此，能够经常注视或者观察美好的事物，是有好处的。

“回答正确！我们没骗你们吧？”

“太漂亮了！”蕾娜感慨道。

“这么多的海洋动物——它们都是我们的了吗？”尼尔斯有点不敢相信这是真的。

“是的，都归你们啦！你们不是一直都想要很多的鱼吗？”

“我有一个问题，难道要让这些水族箱和玻璃罐一直待在卧室里吗？”蕾娜想到了一个重要的问题。

“得有一个大的水族箱才好啊。”尼尔斯在思考。

“哈哈！接下来就该第二个惊喜登场了。明天，爸爸要亲自动手给你们做一个大水族箱！”妈妈揭开了谜底。

“我已经买好了巨大的玻璃片和做水族箱需要的其他材料。”

尼尔斯和蕾娜吃惊地对视了一下。

“玻璃片？”蕾娜忍不住叫出声来。

“为什么这么吃惊？怎么啦？”爸爸反而对蕾娜的反应感到吃惊。

“哎呀，没什么！”还是尼尔斯比较镇静，“现在，该轮到我们把给你们准备的巨大惊喜拿出来亮相了！”

“爸爸，你快去把做大水族箱用的玻璃板拿来吧！”

蕾娜忍不住偷偷笑了，她叮嘱爸爸说：“不过你要小心，可别把它弄破了。”

这次，换成爸爸妈妈疑惑不解地看着尼尔斯和蕾娜了。爸爸起身冲进地下室。

“简直不可思议！”爸爸的惊叹声从地下室传了出来。他小心翼翼地把玻璃板从地下室搬进卧室，有点气喘吁吁的。

“这是我们用来做水族箱的大玻璃板。”

“被画了画呢！”妈妈发现了这个特大惊喜，“太漂亮了！尤其是在太阳光下。这可是真正的玻璃绘画，就像教堂窗户上的那些玻璃。”

看到爸爸妈妈的反应，尼尔斯和蕾娜骄傲地看着对方。

“这是奔驰在山坡上的三匹骏马。”

“是的，我和尼尔斯送给你们的惊喜也是马。”

“我被你们征服了。”妈妈擦去了从眼中涌出的幸福泪水。

“我也是。”爸爸也感到无比开心，“你们干得太漂亮了！

现在我去取第二块玻璃板。上面也画着画？对吧？”

“是呀！也画着马，不然还能画什么呢？”蕾娜咯咯地笑着。

不一会儿，卧室里就放着两块画着马的玻璃板了，还有装着鱼、珊瑚和海马的玻璃器皿。妈妈对两个孩子创造的惊喜赞不绝口：“简直是无与伦比的美丽！”

你今天为什么感到高兴？

上床睡觉以前，可以和爸爸妈妈一起回想，今天发生的什么事让这一天这么美好，又是什么让你无比的开心？

要是你一下子还睡不着，或者觉得无聊，也可以自己想想这个问题。

最好想得仔细一些：起床、吃早饭、上学的路上、第一节课、课间休息……从早到晚的每一个时段，都有哪些好的事情发生。这样，每一件美好的事都不会被漏掉。我敢打赌，你会想起许多。比如：

- 早上醒来，你便期待这一天的开始
- 你觉得早餐的营养麦片和果酱面包真香
- 上学前，爸爸妈妈送给你一个吻，然后说再见

- 在上学的路上遇见好朋友，然后一起去学校
- 上课之前，老师亲切地向大家问好
- 课堂上，你对一些知识产生了自己独特的看法和理解
- 课间休息的时候，和同学们一起玩
- 放学的时候，感觉特别开心
- 坐到餐桌前吃饭的时候，特别有胃口
- 做完了今天的作业
- 碰见自己的好朋友
- 跟自己的好朋友一起玩

现在，你可以继续填写这张清单，或者索性自己做一张新的。等你从头再看一遍的时候，会回忆起这一天过得多么美好。

怎样成为幸运儿

有的人总是很走运，我们把这样的人叫做幸运儿。衷心地希望你也是一个幸运儿。我们在前面提到过，好运不是创造出来的，但是你可以关注它的到来，只有这样，才能及时把握住它。对于如何让你成为幸运儿，有以下几条建议：

- 会因为一些小幸福而感到开心
- 乐于表达心中的喜悦
- 想笑就笑
- 喜欢听笑话，也喜欢讲笑话
- 喜欢看幽默的书籍和电视节目
- 喜欢给别人带来快乐
- 有好奇心，爱好广泛
- 时刻准备着学习新知识，认识新事物
- 喜欢绘画、制作手工、种植，甚至搞点小发明
- 喜欢和其他小朋友或者动物待在一起
- 遇到困难，不轻易感到沮丧，不轻易放弃，能够克服困难，迎难而上
- 你相信，雨后一定会云开日出

现在，请你想一想，还有什么能让你成为一个幸运儿？

不过，你也要想到：有时候也会遇到不幸和倒霉的事，因为它们同样是生活的一部分，遇到幸运和不幸的概率是一样的。当你遭遇不幸或者生活不顺的时候，会感到沮丧和难过，但是，请相信自己一定会渡过这个时期，之后一切都会好起来的。

发现新事物
让人兴奋不已
阿金萨拉号
7

萨拉和阿金飞向宇宙

“你好啊！阿金，你能来我们家玩真是太好了！”萨拉的妈妈打开门，欢迎阿金的到来。

阿金微笑着点了点头。萨拉高兴地跑过来迎接她。

“太好了，你妈妈终于同意你来我家了。“

“不是这样的，只是因为我今天不用帮妈妈干活罢了。”

“哎呀，你们土耳其的孩子要比我们在家多做好多家务。”

“你在家要帮妈妈做什么？”萨拉的妈妈问。阿金耸了耸肩，虽然声音很轻但掩饰不住激动地说：“好多呢！”

“那你今天来我们家就不用干活啦！”萨拉的妈妈对阿金亲切地笑着说，“现在，你们俩可以玩点有趣的游戏了。”

阿金点点头，环顾了一下萨拉家巨大的厨房。萨拉的妈妈穿着一件沾满了颜料渍的大褂，可以看得出，它以前是白色的。说完话，萨拉的妈妈就离开了。

阿金问：“咱们现在做点什么呢？”

“听点音乐，或者干脆什么都不干？”

“我也不知道。”阿金坐在椅子上，无所事事。

“你来决定吧！”

“我不知道你对什么感兴趣。”

“那就先待会儿吧！”萨拉在思考能玩点什么，而阿金无聊地玩着自己的手指头。

阿金问：“你妈妈去哪里了？”

“她去工厂了。爸爸开了一个画廊，妈妈在那儿有一个独立的工作室。”

“绘画工作室？”

“嗯。她负责画戏剧的舞台背景。”

“我妈妈不出去工作。因为爸爸不想让她去。”

“那你呢？你长大以后会去工作吗？”

“当然了。我长大以后想当医生，所以平常才在学校里那么用功读书的。”阿金站起来，走到刚才萨拉的妈妈走出去的那扇门前，好奇地往里张望。

感到无聊的时候怎么办？

有些时候，你身边没有发生什么有趣或者特别的事情，你不知道应该做点什么来打发空闲的时间。这时候，请不要立刻冲到电脑或者电视机前面，而是忍耐一下。无聊的时候，想想那些美好的事情，然后你就能提起兴趣去做点什么，或者尝试一些新的想法了。等过了那段无聊的时间，你就会恢复到最佳状态了。

“里面看着有点奇怪。这间屋子是干什么用的？”阿金趴在门上的玻璃往里看，鼻子都被挤扁了。

“这是爸爸妈妈放工具和作品的仓库。”

“酷毙了！能进去看看吗？”

“其实他们不愿意让别人进去。不过没关系，咱俩没准能找到什么好玩的东西呢。”

“对呀！”阿金兴奋地说。

萨拉打开门，两个小丫头立马溜进屋子。里面只有一个

照明的灯泡，所以光线比较昏暗。画舞台背景用的画布和海报在墙上投射出巨大的黑影。长长的木板和木棍立在墙边，像从林里黑暗、阴森的树枝。大箱子和空纸箱堆成一座小山。

“小心点儿，别磕着。”

阿金小声说：“哇！这里还真是地形‘险峻’。”

“看这里！”

“这是一个……”阿金吓了一跳。

“没错，是个古堡幽灵。这是妈妈给改编成儿童剧的《小幽灵》特意画的。”（指的是当代德国最著名的儿童文学大师普鲁士勒的作品《小幽灵》，中国小朋友熟知的《大盗贼》也是他的作品。）

“这个呢？”

像侦探小说一样紧张刺激

当你经历一些从未经历过甚至有点惊心动魄的事情时，会感到激动、兴奋。虽然会有点害怕，不过也有抑制不住的好奇。这种感觉很刺激。当一个谜题被解开或者一个惊险的故事结束之后，你会感到轻松和愉快。总能经历一些新鲜、刺激的事情也是幸福的。可能是由于这个原因，你才喜欢阅读情节紧张刺激的冒险故事吧！

“这是歹徒劫匪的藏身之处。我想，这是妈妈给侦探题材的戏剧制作的道具。”

“哇哦！这间屋子果然好玩刺激！”

“我也这么觉得。不过言归正传，咱们现在玩点什么？”

阿金提议：“我们能不能再在这里待一会儿？说不定能找到好玩的东西呢。”

“好吧！你看，我拿来了一个手电筒。怎么样，不错吧？”阿金使劲点头，表示同意，乐得张开了嘴。手电筒则由萨拉负责拿着。

“往这边照照！”阿金指着一个大的空纸箱喊道。还没等手电筒的光照到纸箱里面呢，阿金就已经爬进去了：“跟在大汽车里的感觉一样！”

“或者是宇宙飞船。”萨拉做了另外一种类比。

“这个想法不错。不如咱们俩来一次‘宇宙飞行’吧！”阿金受到了萨拉的启发。

“那咱们得先把宇宙飞船造好。等我把妈妈的剪刀、胶水和颜料盒拿来。”

过了一会儿，就听到她们俩在大纸箱里紧锣密鼓地动工了。

“我们在这儿粘一个方形的箱子，再画上各种装置和

配件。”

“再在这儿粘一个圆形的纸筒，当驾驶飞船的操作杆。”为了方便固定这个圆纸筒，阿金爬到了纸箱里。

“我在这个位置开一个窗户，透过窗户，咱们就能看到火星和木星了！”

“我来给咱们飞船的驾驶舱涂上银色。”

“外面还得加两个喷射筒，这样飞船才能起飞。”

“那就用这两个大一点的圆纸筒吧。”萨拉把纸筒递给阿金。

“我得先画上黄色和红色的火焰。飞船起飞的时候需要点火，飞行的时候也得有火焰才行。”

萨拉开玩笑说：“那你得小心点，可别被火烧着。”

阿金轻轻推了萨拉一下：“你才要小心呢！别踢翻颜料盒。”两个人嬉闹起来。

为什么画画和制作手工能够给人带来成就感?

当你画画或者制作手工的时候，注意力会特别集中。你全心全意地工作，希望创造出以前从来没有出现过的新东西。最后，经过努力你独自创造和发明出了全新的事物。

这会让人有成就感，而且你有资格为自己和自己的杰作感到骄傲。创作的过程让你感到幸福。如果你能经常做出独特的东西，那就太棒了。想要获得满足感和幸福感，你现在有办法喽！

萨拉差点没站稳，不过还好，她扶住了她们的“宇宙飞船”。她咯咯地笑了起来：“看看吧，阿金，咱们很快就可以飞上月球啦。”

“快上来，准备起飞吧！我是船长。”

“那么我就是探索宇宙空间的科学家。”

“不过，咱们要先去哪儿呢？”

“我觉得，咱们得先穿越天空。”

“穿越天空，这是什么意思？”

“就是说，咱们必须穿越大气层。”萨拉眼珠一转，想出了一个办法，继续说道，“我有主意了！咱们先去爸爸的电脑上，查看一些相关的知识再起飞吧！”

“好吧，但是别太久，还有这么漂亮的宇宙飞船在等着咱们呢。”

萨拉一脸兴奋地对阿金说：“不会的。坐在真正的宇宙飞船里来一次太空之旅可比在电脑跟前带劲多了！”

萨拉和阿金坐在爸爸妈妈的写字台前，打开电脑——速度还挺快——屏幕上立刻出现了彩色的图像。

阿金问：“现在该怎么操作？”

“用鼠标点击这里蓝色的‘E’，就能上网了。我爸爸有时候带我一起上网，我就记住了。”萨拉告诉阿金。

屏幕上出现了标着“Windows 互联网浏览器”的页面。

“现在我们还得输入‘Google’才行。”

“看这儿，你说得对！”阿金指着显示器说。

“太棒了！等我打出‘宇宙飞船’这几个字。”萨拉把这个词输入电脑，然后点击“搜索”。屏幕上出现了一个包含各种信息的列表。萨拉选择了“宇宙飞船——维基百科”的词条。很快进入到了相关的页面。可以看到，页面的左上角有一个用拼图做的地球。在它的下面有“维基百科”的字样，旁边就是“宇宙飞船”了。阿金和萨拉不约而同地把头凑到电脑屏幕跟前。

“宇宙飞船，是一种飞向宇宙空间的交通工具。”阿金把屏幕上的字读了出来。

“说的不就是我们的宇宙飞船吗？”萨拉开始对号入座。她们俩通读了整个页面，甚至都有点头疼了。

“点击这里！”阿金指着最后一段文字中的“宇宙航行”这个词。于是，她们又进入了另一个页面。“快看，这里有宇宙飞船的起飞。”

“等咱们的飞船起飞的时候，可不能有这么多的火焰和浓烟呀！”萨拉心想，“要不然爸爸妈妈的储藏室可要着火了。”

“这是什么？在儿童座椅里有一只猴子？”（美国早期的航天实验多是用猴子作为实验对象来完成的。）

“这儿写着呢：当时它也一同环游了太空。”

“这儿还有！小狗莱卡是世界上第一个飞向太空的生命。你知道这回事吗？”阿金摇了摇头。（1957 年 11 月 3 日，苏联成功发射了人类历史上第二颗人造卫星，卫星上搭乘了即将飞上太空的第一个地球生命——小狗莱卡，可是莱卡刚飞上天没几个小时就死于惊吓和中暑。）

“上网搜到的这些信息，是不是特别有趣？学习新的知识，真让人感到很快乐。”

“是呀！不过，现在时间差不多了，已经在这儿待得够久了。快让咱们的宇宙飞船起飞吧！”阿金迫不及待地催促萨拉。

“你说得对。不过我想起一件事来——咱们还没给宇宙飞船起名字呢！”萨拉有点伤脑筋了，她开始努力地思考。

“对呀，要不我们叫它冒险号或者阿波罗号？”

“咱们还是自己起一个吧！”

“就叫它阿金萨拉号或者萨拉阿金号吧！”阿金想出了一个主意。

学习新知，乐趣无穷

人类有很强的求知欲和好奇心，我们总想着发现新事物，探求未知的领域。所以，我们会对诸如参观博物馆，或者探究洞穴等一些行为感兴趣。当我们发现了新的事物，首先会感到惊奇和兴奋，然后就会迅速地恢复平静，把注意力转向对新事物的认真观察和研究上去。

我们的大脑接收外界的信息，并对它们进行加工。现在，我们知道的越来越多了，而且随着知识的增长，我们也变得越来越聪明。

“我觉得阿金萨拉号更好听！”

“同意！就叫阿金萨拉号啦！”

“好啦，现在准备起飞吧！舱门都关严了吗？”萨拉大声问道。

阿金检查了一下，然后点了点头。

阿金开始倒计时：“4–3–2–1–0！”她激动得使劲拉着操作杆，结果一不小心，因为用力过猛，操作杆被拔了下来。巨大的惯性把她向后“推”了一把，她从座椅上跌了下来，然后“宇宙飞船”被迫“着陆”。

“起飞失败！”萨拉看着阿金狼狈的样子，忍不住笑出声来，不过还是马上把她拉了起来。

“好啦，一切重新就绪。”这一次，阿金非常小心地拉动操作杆，慢慢抬高。

这次成功了！“哇哈！太好了！我看见火焰和浓烟是怎么从喷射筒里喷射出来的了。”

“是的，我们升空了！你感觉到我们是怎么升空的了吗？”萨拉高兴地拍着手。

“嗯！速度越来越快啦！我能看到法兰克福在我们脚下，我们所在的萨克森城区的房屋都已经看不清了！”阿金在驾驶的同时，也不忘透过窗户，俯瞰下面的景象。

“现在，我们几乎只能模糊地看到德国的轮廓了！看左边，那是莱茵河在流淌。”

“那里是汉堡。”阿金指着飞船下面变得越来越小的世界地图上的一个黑点说。

“我认为左边就是北海，右边是波罗的海。”萨拉的声音听上去好像不太确定。

“好了，看看我这边吧！我看见了土耳其。”

“你怎么知道的？”萨拉挪到了阿金这边。

“上面是黑海，下面是地中海呀。”

萨拉问阿金：“那你爸爸妈妈的家乡在哪里？”

“安卡拉，是土耳其的首都。前面是伊斯坦布尔，它是土耳其最大的城市。”

“看看，其实德国和土耳其离得并不远。”

阿金继续说道：“爸爸跟我说，土耳其也属于欧洲。”

萨拉说：“哦，我明白了。那么我们都属于同一个大洲了！”

“所以，从某个角度来说，我们是在一起的！”阿金笑着对萨拉说。萨拉点头表示同意，继续拉动操纵杆。

“要是飞船的燃料还够用，咱们很快就能穿越大气层啦！”

“看！整个地球已经在我们的脚下了！”

“一颗蓝色的星球。”

“看来，地球上的海洋面积比陆地面积大。”

阿金说：“啊哈，我也这么觉得。”

“注意啦！”萨拉高喊一声，坐进驾驶舱。放开了操纵杆。

灵光一现——激动人心的旅行

孩子们总能提出很多问题，他们什么都想知道——为什么一些事是这样的？它们怎么变成这样的？为什么要这样进行？怎样形成这样的运行规律？因为事物、动物和人类都是非常复杂的，没那么容易就能搞明白，所以我们需要有人来解释这一切。

当你想要探究一个问题的答案时，你会在头脑中“点击搜索”，经过飞快的回忆和思考，答案突然间涌现出来。你恍然大悟地说：“啊哈！原来是这样。”人们管这叫“开窍了”或者“灵光一现”。这个过程就是一次“啊哈，原来是这样”的经历，这样的经历让我们很开心，很幸福。

“不好了，我们要撞上陨石了！”

“没关系！”阿金抓起操纵杆，及时地绕开了陨石。萨拉又振奋起来。

“哇！真险呐！”萨拉心有余悸地回头看了一眼刚刚擦身而过的巨大黑色陨石碎块。萨拉拍了拍阿金的肩膀说：“干得漂亮！要是撞上就惨了。”

“是的，我们的飞船就会坠毁，我们也会粉身碎骨！”

“呀！前面是什么？还是陨石吗？”

“不是，是月亮呀。”

“对呀，是月亮。咱们要不要着陆？”

“这还用问？我们现在就直奔它飞过去！”阿金把脚从油门挪到了刹车上。

“我们必须得打开降落伞了，这样，咱们的宇宙飞船才能在月球表面慢慢地滑行降落。”

“就快成功了！”阿金按动了仪表盘上的黄色按钮。

“快换上咱们的太空服吧。”萨拉迅速地穿上爸爸画画时穿的工作服，还往头上套了一个小纸箱。为了方便观察外

面的动静，她们早就在上面开了一个小洞作为“视窗”。当阿金迅速换上太空服的时候，萨拉接管了对油门和刹车的控制，成了临时驾驶员。

“马上就要着陆了。”阿金拨开粘到脸上的头发说，“着陆可是一项困难的工作。”

萨拉点点头，表示知道了。她打开太空舱，小心翼翼地跳到月球表面。她跳着向前走，挥动着胳膊，就像正要展翅飞翔的小鸟。

“嗬，在月球上，一切都变得那么轻快。我能跳得好高。”萨拉笑着，屈膝向上用力一跳。

“这里发生什么了？”突然，萨拉的妈妈推开了门。“是两个宇航员在进行太空行走吗？”看见两个小家伙穿着那么大的绘画工作服，她忍不住笑出了声。

“妈妈！”萨拉吓了一跳，“我们登上月球啦！”

“你们在月球上？”

“是呀，快看呐！我们驾驶的宇宙飞船在月球上着陆了！”

“哦，原来是这样。我看出来了，你们正在玩宇宙飞船的游戏。”

“不是的，妈妈。这是真的，不单纯是幻想。”

畅游幻想世界，一切皆有可能

孩子们拥有丰富的想象力，他们的头脑中满是有趣的想法。有时候，他们甚至会做“白日梦”——想象美妙的旅行，编出很棒的故事，或者你也曾梦想成为一名医生或飞行员。在幻想的世界是无所不能的，因此会让人流连忘返。可惜的是，我们终究要回到现实世界。不过，可以说几乎每次幻想之旅都能给人带来意想不到的灵感。

“对！萨拉说得对。”阿金有点胆怯地跟着说。因为她还记得萨拉说，她的爸爸妈妈不希望有人进入他们的储藏室兼工作室。

萨拉的妈妈看着两个孩子开心又认真的模样很是欣慰，笑着问道：“我现在想喝点咖啡，吃点蛋糕。你们想一起来吗？”

阿金看看萨拉，萨拉也看着阿金：“好呀！”两个人不约而同地给出了肯定的回答。

让你感到好奇的事情

当你时刻充满好奇，并对好多东西产生兴趣的时候，总会有些惊喜的新发现。你的生活会因此变得美好而不同寻常。

如果你总是保持这种状态，就会自然地找到幸福。

因此，建议你要对生活充满热情并且积极探索，怀有一颗好奇心，经常提出问题。

你是否知道：

- 你是怎么来的？
- 为什么宇航员在月球上能轻松地跳很高？
- 为什么太阳会发光？
- 为什么你的心脏一直跳个不停从不休息？

你是否已经：

- 用显微镜观察过物体？
- 参观过天文台或者天文馆？
- 在夜晚看到过流星？
- 找到过大熊星座？
- 在夜晚的丛林中漫步？
- 播种下植物的种子，并观察它慢慢地成长？
- 在镜子里仔细地观察过自己眼睛的颜色？
- 堆过雪人？
- 看见过日食或者月食？

你是否体验过：

- 骑小马驹或者大马？
- 在海里游泳？
- 山间漫步？
- 爬到树上？
- 乘坐飞机或者其他飞行工具？

现在，把你已经做过的还有以后想做的好玩的事都写下来吧！

学习是怎样带来快乐的？

我承认学习通常会很辛苦。然而你肯定有过这样的体会：兴趣和乐趣越多，学到的知识就越多。

当你打算学习新东西的时候，可以想想：

- 我可能会对什么感兴趣？
- 我为什么要学习它，有朝一日会用到它吗？
- 等我真正学会了这些知识或者掌握了这项技能，会对自己有什么样的影响？
- 等我熟练掌握这些知识或者技能以后，会怎样奖励自己？

如果你无法回答这些问题也没有关系，最好的办法就是：直接开始学习。

当你已经开始学习的时候，以下这些建议会对你有所帮助：

- 直接尝试，你会发现，实际做起来比想象中的要简单得多。
- 假设你有一个助手——可以是一个魔术师、一只小动物或者是动画片里的某个形象——想象着它在陪伴你一起学习。
- 集中注意力对自己说："我现在不能分散注意力，我只想做一件事，那就是学习。我下定决心这么做。"记住，越是集中精力地去学习，你就会完成得越好，效率也会越高。
- 一点一点、循序渐进地学习。隔一段时间休息一会儿，并回头检验是否已经理解了所学的知识，是否把它们都记在脑子里了。
- 当你学习完并且确定掌握一小部分知识以后，要对自己说："太棒了，我已经学会了！现在继续学习新知识。"
- 当遇到难题时，就放慢学习的速度，并对自己说："有的知识比较简单，有的比较难，现在碰到的稍微有点难。不过我会努力完成。”

- 听一听来自你的小助手的声音，它会给你力量，给你鼓励：“你能行！”“加油，就是这样。”或者，“再坚持一下，你马上就能攻克它了。”
- 如果自己或者内心的小助手都无法解决摆在你面前的难题，就向别人求助吧！
- 把最重要的知识写在卡片上，有时候很有帮助。可以在上课前或者做作业之前，快速地回顾一遍。（但是千万不要当成考试的小抄哦！）
- 当你学完所有的知识以后，回过头来复习一遍，并对自己说：“太棒了，我竟然学会了这么多！”

当你掌握了所学的知识，你可以：

- 大声地庆祝：“完成喽！”
- 拍拍自己的肩膀说：“做得不错！”
- 奖励自己，做点自己喜欢的事情。

达到预期目标让人
获得幸福和自信

帕斯卡尔和纳特娅征服了一个庞然大物

“真希望咱们也能行。”纳特娅的声音显得有些不确定和不自信。

“没问题的。”帕斯卡尔伸出食指和中指，摆出一个胜利的手势，高高举向空中，像是在向纳特娅表明信心。

“在你说大话之前，先检查一下自己的背包。看看是不是所有东西都带全了？”看着帕斯卡尔那座由衣服、牙刷、帽子和登山鞋堆成的“小山”，妈妈给他泼了一盆冷水。

“哎，收拾背包可要比徒步登山难得多。”帕斯卡尔叹了口气，向后一仰，倒在沙发上。

“想要征服那个庞然大物，首先要装备精良。”

帕斯卡尔从沙发里跳起来，握着拳头说：“哪有这么严重？打败它简直轻而易举。”

“我已经收拾好了。”纳特娅举起自己的红色背包，又仔仔细细检查了一下，确认没有落下东西，“好沉呀！”

“我瞧瞧。”帕斯卡尔一把抓起背包，“你这都不值得一提！我的包比你的大多了，也沉多了。”

“聪明的登山者都知道，要想登顶，轻装上阵是最好的选择。”妈妈好像站出来主持公道一样说道。

“切！”帕斯卡尔不服气地说，“反正我会征服那座山的！”

“别着急，你们那个庞大的对手明天才会出现呢。”

“但是妈妈，我们想要早点收拾完，这样才能做好打败它的准备。”纳特娅认真地说。

“当然，如果真心想要达到一个目标，就会产生强大的动力。”

帕斯卡尔笑着说：“发自内心的动力才是产生一切的根源。这是大登山家莱因霍尔德·梅斯纳尔说的。”（这个人是当代最伟大的登山家之一，意大利人，被称为“山峰先生”。）

“说得很对，我们伟大的登山家！不过这座山有两千多米高，对于孩子来说真的是一个巨人。”

你要去哪儿？——为什么我们需要目标

孩子们都有一个宏伟的目标：想要长大，渴望成长。不过，他们还有许许多多小的目标，比如学会骑自行车，成为电脑高手，能够演奏一种乐器或者做别人做不到的事。有目标的人不会觉得无聊，而且会收获很多。为了能够达到心中的目标，你需要付出很多努力。但这是值得的，当你实现了目标，会为自己感到骄傲，会为自己的成功而感到高兴。

“真正的巨人是我！”走廊里传来了爸爸的声音，“你们把所有的东西都收拾好了吗？明天一早我们就要出发了！”

纳特娅从车里钻出来，仔细打量着这座山，情不自禁地发出感叹：“真是一座高山！”

“我们会征服它的。”爸爸走过来抱了抱小女儿，安慰她说，“你看，山顶上还有一点积雪呢！”山峰沐浴在徐徐升高的晨光中。山顶的积雪闪耀着晶莹透亮的光彩。

“啊，真冷！”帕斯卡尔两手抱着胳膊，用手摩擦胳膊来取暖。

“是呀，赶快穿上你们的滑雪夹克吧！”爸爸打开汽车的后备箱，纳特娅和帕斯卡尔立刻冲向自己的背包，拿出衣服。

“什么东西从背包里掉出来了？”

“是……是……”纳特娅结结巴巴地说，“是我的泰迪熊。”

帕斯卡尔弯腰捡起泰迪熊，把它递给纳特娅，满脸堆着坏笑。

纳特娅抱着泰迪熊说：“有什么好笑的？每当我坚持不住的时候，它总能鼓励我。”然后又小心翼翼地把它放回了背包里。

爸爸肯定地对纳特娅点了点头：“有一个小帮手在背包里真不错。”

“好啦，我们现在出发吧！还有什么问题吗？登山鞋的鞋带都系好了吗？”爸爸再次检查两个孩子是否做好了准备。

确认无误后，他关上了后备箱。帕斯卡尔率先出发，他沿着一条穿越草地的狭窄小路向上奔跑。

爸爸对纳特娅说：“让帕斯卡尔跑吧！一会儿他就该没力气了。长长的路需要慢慢地走，只有这样，才能保持足够的体力登上山顶。”

“而且，还能欣赏沿途的小花。”纳特娅作了补充。

“身处自然多么美妙。你闻闻，这里的空气多么的清新和芳香啊！”

帕斯卡尔浑身都是力气。他继续向上跑了一会儿，又伸开双臂飞奔下来，就像展翅飞翔的鸟儿。

“太、太美了！”由于一直在奔跑，帕斯卡尔已经累得

亲近自然，自由畅快

身处室外或者亲近自然，对于绝大多数的孩子来说都是美好的体验，在室外不会像在家或者教室里那样被束缚着，在自然中才能感受到真正的自由。你可以自由奔跑、跳跃，甚至在草丛里打滚。这时候，你会觉得浑身上下都舒服极了，无拘无束，自由自在。

除此之外，还有美不胜收的风景，比如山峦、湖泊以及大海——美景能给人带来好的心情。

上气不接下气了。

“是的，自然是神圣壮丽的。”爸爸说。纳特娅没有说话，她走得很慢，一直跟在爸爸身旁。

脚下的路开始变得陡峭。从这里能看到山下的停车场，他们家的红色轿车就停在那里。

“是谁挡了我们的路？”帕斯卡尔走到一只棕色小牛犊的面前。真是“初生牛犊不怕虎”，还不懂什么是危险的小牛犊站在了上山小路的中间。

“闪开！”帕斯卡尔呵斥着小牛，试图把它吓唬走，“我们必须得从这穿过去，否则就上不了山顶。”

他举起一根木棍，轰赶这只小牛。

“你干嘛呀？”纳特娅立即制止了帕斯卡尔。她和爸爸刚刚拐过山路上的一个弯，看到了帕斯卡尔此刻的行为。

爸爸笑着说：“这可不是大公牛，而是一头无辜的小牛犊。”

“我把我的苹果分给它。”纳特娅把帕斯卡尔挡在了一边，走到小牛身旁，用手指头捏着已经啃了一半的苹果，小心翼翼地递给小牛。

闻到有好吃的东西，小牛迅速地张开嘴巴，咬住了苹果。纳特娅有点害怕地抽回了手，但还是开心地说：“它好乖啊！”然后，她用小碎步快速地从小牛的身旁走过，继续沿着小路

向上走。帕斯卡尔和爸爸跟在她身后。小牛犊一边咀嚼，一边转过身子，看着这三个爬山的人继续赶路。

爸爸说："我们经受住了冒险的第一个考验。"

纳特娅回过头来问爸爸和帕斯卡尔："其实，当一头小牛挺好的。起码不用去上学。但是，它自己觉不觉得幸福呢？"

"人类是无法知道的。不过，既然动物能感觉到疼痛，那么也就能感觉到舒服吧？刚才那头小牛看上去就很满足。"

"岂止是满足，简直是非常幸福。因为它刚从我这儿得到大半个苹果。"

爸爸惊讶地问："帕斯卡尔又跑到哪里去了？"

"又跑到前头去了。"此时此刻，淘气的小男孩正站在巨大的岩石上，努力保持平衡呢。

"千万别摔下来！"爸爸加快脚步，希望尽快赶到帕斯卡尔的身边，以防万一。"别胡闹，一定要小心！"他提醒帕斯卡尔注意安全。可帕斯卡尔反而更加兴奋地挥动手臂，就好像没有听到爸爸的叮嘱一样。现在，他更加大胆地用一条腿站立着。

“这个臭小子疯了，多危险呀！”爸爸跑得气喘吁吁。

“哎呀！爸爸，你别那么紧张。帕斯卡尔的平衡能力非常好。相信他就行了。”

“说得对！帕斯卡尔还真是个平衡高手，从他小的时候就能看出来。”爸爸又看了看那块大岩石。直到帕斯卡尔坐了下来，爸爸才松了一口气，才想起擦掉额头上的汗珠。

纳特娅安慰惊魂未定的爸爸说：“爸爸，你可别忘了，帕斯卡尔精通平衡术。”

“就像你能熟练背诵九九乘法表一样吗？”

“这方面我确实要比帕斯卡尔强多了。”纳特娅笑着说。

纳特娅和爸爸现在放慢了脚步，来到帕斯卡尔站立的那块岩石跟前。

帕斯卡尔坐在岩石上说：“我们在这里休息一会儿吧！”

在这块岩石的后面是一个喷泉。清澈的泉水从里面流出，灌溉到饮水槽里，汇集成一条小溪，流经山间的石头缝里。

“好吧，这里真是一个休息的好地方！”爸爸巡视了一下周围。纳特娅把背包拿下来，背靠那块巨大的岩石，坐在了草坪上。

拥有一技之长，为你增添自信和光彩

每个人都会在某些方面表现得突出。有的人会演奏乐器，有的人足球踢得很棒，其他小朋友可能是游戏高手、小画家或是小歌唱家。

当我们特别擅长做某件事情的时候，在这一领域就称得上大师和专家了。你用不着费力，一切就能进展顺利。有一个英文单词用来形容这种感觉非常贴切——flow，意思是顺利、顺畅。那种感觉就像是：你能轻而易举地完成这个领域的所有事，就好像事情本来就应该那么顺利。

“唉？怎么下雨了？！”

“不可能啊！我怎么没有感觉呢。”爸爸也感到很奇怪。

纳特娅抬头一看，原来是帕斯卡尔搞的鬼。帕斯卡尔用水杯接上泉水，泼到了纳特娅的头上。

“讨厌！”纳特娅爬起来跑到泉水边，也把水泼到了帕斯卡尔身上。

“哈哈，没泼着！你别想泼到我。”

“没关系，等你想吃东西的时候，肯定会下来的。”纳特娅幸灾乐祸地笑起来。果然，帕斯卡尔刚从岩石上小心翼翼地下来，迎接他的就是纳特娅泼来的水。于是，浑身湿透的帕斯卡尔立刻跑到饮水槽边，直接用手拨起阵阵水浪。浪花拍打到纳特娅身上。但是，纳特娅没这么容易被打败，她也干脆来到饮水槽边，用手把水铲到帕斯卡尔身上。一场激烈的水战就此开战。

“好啦，别闹了！你们俩浑身都湿透了，会着凉的。过来吃点东西，休息休息。”爸爸制止了他们的打闹。他从背包里拿出了面包、西红柿、水果和水，为两个孩子准备好了吃的东西。纳特娅和帕斯卡尔湿漉漉地跑了过来。

“好好休息一会儿，补充一下能量。因为下一段路，也是最陡峭的一段路就要来了。这是我们能否征服阿尔卑斯山这个庞然大物的最艰难的一关。”

太阳当空照，灼热的阳光洒向这三个登山者。纳特娅走在最前面。她已经感到疲惫了，脚步变得沉重起来，缓慢地沿着一条狭窄蜿蜒的陡峭山路往上爬。爸爸紧跟在后面。帕斯卡尔被落在了几百米后。

他冲着爸爸和纳特娅喊道：“等等我！”

“怎么了？”

“我走不动了！”帕斯卡尔停了下来，双手叉着腰说。

爸爸回过头来鼓励帕斯卡尔：“别放弃，你可以放慢速度。”

帕斯卡尔问纳特娅：“你呢？还走得动吗？”

“能呀，泰迪熊从背包里对我说：‘你能行，你会完成得很出色！’”

“真是一只了不起的泰迪熊。对于帕斯卡尔来说，我现在要扮演泰迪熊的角色了。”爸爸往回走了几步，来到坐在草丛里的帕斯卡尔身边。

“我真的走不动了，腿好疼，头也疼。”

“那是因为你刚才东奔西跑，上蹿下跳的，所以消耗了太多体力。”爸爸解释说，“现在只有一个办法能让你尽快恢复体力——坐到岩石的背影下面，喝点水。”

“我们不能原路返回吗？”

“谁会在这个时候放弃？你看看我们已经走了多远了？好好休息一下，你就有力气一口气登上山顶了。看看下面，就知道我们已经爬了多高了；再看看上面，我们离山顶真的不远了。”

“可是我的包好沉啊！”

“过来，我帮你分担点，这样就轻多了。就像童话里那个幸福的汉斯一样。”（出自格林童话《幸福的汉斯》。）

“幸福的汉斯？”

遇到困难要坚持到底

当你想要实现一个目标或者学习一些复杂的东西时，也许会遇到困难。困难导致你进展缓慢，让你感到疲惫，甚至想要放弃。这很正常——对于所有为目标而奋斗或者刻苦学习的人来说，都是这样。

只要你不让目标离开你的视线，并不断地提醒自己一定要实现它，就会在突然间再次涌现出战胜困难的意志和力量。坚持是必要和值得的，因为它让目标实现以后的感觉更美。

“是呀，他把身上值钱的东西送出去越多，就越觉得自己幸福。最后，他什么东西都不剩了。在他看来这样很好，可以解放四肢，幸福地蹦来蹦去。”

“我真的一点儿都走不动了。”

“你再休息一会儿，然后我们三个人一起走，一起完成登顶的目标。”

爸爸指着上面说：“前面就是山顶的十字架了。”

“是呀，非常近了。”纳特娅开始加快脚步。帕斯卡尔挺起身子，擦掉额头上的汗，望了一眼目标。

“加油！我的小男子汉，你能行的！等你达到了目标，会为自己感到双倍骄傲的。”

帕斯卡尔有些疑惑：“为什么是双倍的？”

“记不记得你刚才东奔西跑、上蹿下跳的？这就相当于走了两遍的路程，同时战胜了两次阿尔卑斯巨人啊！”

受到鼓舞的帕斯卡尔露出了微笑，体内又充满了攀登的力量。

“哈哈！成功登顶了！我战胜了阿尔卑斯巨人！”纳特娅第一个成功登顶，山顶传来了她胜利的欢呼。她倚靠着山顶的十字架，用右手抓住十字架垂直的柱子，兴奋地挥动左手，等待着爸爸和帕斯卡尔。随后，其他登山者也登上了山顶。

帕斯卡尔在距离顶峰的最后几米，紧跟在爸爸身后没有掉队。

“我的腿就像石头一样沉。”帕斯卡尔想。最后的几步，他简直爬得踉踉跄跄。

“终于成功了！”他长舒一口气，一屁股坐在十字架底下。

“太棒了！”爸爸欢呼起来，“站在山顶上的感觉就像自由翱翔在天空中的鸟儿。”爸爸伸开双臂，慢慢旋转自己的身体，这样所有的景色就能尽收眼底了。

欢呼吧！——你成功了

当你终于实现了自己的目标时，比如牢记单词，或者完成了一次出色的表演，首先会感到轻松和愉快，然后你会感受到巨大的喜悦，甚至会情不自禁地大声欢呼。要知道，你做到了，你有充分的理由为自己感到骄傲，有充分的理由赞美自己：你真棒！你为此刻的成功而感到幸福，充分享受这份喜悦吧！如果你取得了巨大的成功，比如考了一个好成绩，就该好好地庆祝一番：去吃个冰淇淋，或者奖励自己痛痛快快地玩上一整晚。

“太奇妙了！”纳特娅欢欣雀跃地围着十字架手舞足蹈。

经过一段时间的休息，帕斯卡尔终于又站了起来。然后他“藏”了点东西——他只留下食指和中指，而把其他三根手指头藏了起来。“我们终于征服了阿尔卑斯巨人！”

“给我们这些登山前锋来张合影吧！”爸爸从背包里拿出相机，他请另一位爬山的叔叔为他们在山顶拍照留念。

“茄子！”拍照的叔叔鼓励大家露出微笑。

“不要掩饰自己的激动和骄傲哦！”爸爸伸开宽大的臂膀，揽住纳特娅和帕斯卡尔。在镜头前面，三个人笑得很开心。

“你们应当为自己感到骄傲和幸福，因为你们已经征服了这座山。”拍照的叔叔边说边把相机还给了爸爸。

爸爸走到纳特娅和帕斯卡尔跟前，指着远处山峰之间闪烁的蓝色区域说道：“看那儿，在山的后面，你们能看到博登湖的一部分。在那片湖的对面是奥地利，再后面就是瑞士了。”

“这里一共有这么多座山峰呢！”

“不管有多少座，都会被我们征服的。”帕斯卡尔的声音坚定不移。但是纳特娅和爸爸的反应却是——纳特娅伤脑筋地敲了敲自己的额头；爸爸则是摇了摇头说：“算了吧，先别想下一座山了。现在我们要做的是好好地享受成功的喜悦，更重要的是享受眼前的美景。这景色可不是随便在什么地方都能看到的哦！”

爸爸把自己的登山夹克铺在地上，然后惬意地坐下来。

纳特娅从包里拿出了泰迪熊，把它贴在自己的脸上，悄悄地说：“你真伟大！是你给了我力量。”

爸爸听到了纳特娅的悄悄话，转过身来对她说：“真正伟大的是你呀，我的孩子！”他说这句话的时候，特意强调了“你”这个字，然后露出了赞扬的微笑。

在欣赏了一番美景之后，爸爸站起身来说：“孩子们，我们该下山了。”

听到这话，帕斯卡尔抬起了昏昏欲睡的脑袋。

“你睡着了？”

帕斯卡尔点点头，不情愿地站起来：“哎呀，浑身肌肉酸疼。”

他本来希望能得到同情，没想到纳特娅跟他开了一个玩笑：“我有我的泰迪熊陪着我，你呢，有一只‘猫’陪着你。”（在德语中，猫和疼痛、酸痛是一个词。）又坏坏地补充道：“不过，我说的是肌肉酸痛，不是猫哦。”她怕帕斯卡尔打她，说完撒腿就跑，一下子抱住了准备下山的爸爸。

“真可惜，我们必须得下山了。”

“是啊，一切美好的经历都有结束的时候。”爸爸对孩子们说，“除了舍不得离开，说到下山，我觉得挺难过的。”

帕斯卡尔追上来问：“有什么好难过的？下山不是比上山容易多了？”

“现在在我的心里有一种达到目标之后的空虚感。”爸爸说。纳特娅也表示赞同。

帕斯卡尔低着头说：“你们真是奇怪！”

“不过想到能吃饭和洗澡的地方，我还是挺高兴的。”纳特娅用右手当梳子，梳理着自己被汗浸湿的头发。

“让我兴奋的是炸薯条和鱼。”想到吃的，帕斯卡尔又滴溜溜地转着眼珠，用舌头舔了舔嘴唇。

获得自信的方法

当你成功地完成一件事、学会一些知识或者熟练地掌握了某种技能时，就会为自己感到骄傲。尤其是学会了很难的知识，或者克服了很大的困难而获得成功，这样会获得更强大的成就感以及自信心，因为你通过努力克服了困难，并且坚持到了最后。

作为对自己的肯定，你可以拍拍自己的肩膀，也别忘了表扬一下自己。你会感到自己的形象高大、光辉了许多。接下来，你也能更加顺利地处理其他问题、攻克其他难题了。就这样，自信被慢慢地培养起来，许多事情对于你来说就会变得越来越简单。

“我呢，现在要给妈妈打电话了，告诉她我们今天运气很好，成功地完成了挑战。”

纳特娅说：“妈妈会很高兴的！”

帕斯卡尔补充道：“她会为我们感到骄傲！”

纳特娅和帕斯卡尔高兴得又蹦又跳。

“有这样两个可爱的孩子多幸福啊！”爸爸心想。脸上挂着幸福的微笑，他也开心地跳了起来。

你今天成功地完成了什么？

上床睡觉之前，你可以好好地回忆一下，今天都完成了什么。为自己成功做成的所有事而感到骄傲，会让你感到幸福。要是跟爸爸妈妈一起回忆的话，你也许会想起更多。你可以对自己说："我成功了。"——这对你增加自信很有帮助，是自信的动力。

你应该为自己感到骄傲，因为你成功地做到了：

- 早晨醒来以后，利索地起床
- 穿好衣服，刷牙，梳头，所有事情独立完成
- 思考上学会用到什么，并把这些东西放进书包
- 背上书包，走向学校
- 跟老师和同学们打招呼
- 在课堂上保持安静，认真听讲
- 大声朗读，认真做笔记，画出重点
- 休息的时候，做点轻松幽默的事情，比如讲个笑话，或者跟大家一起欢笑
- 说出你的想法，并且跟大家一起讨论
- 回家以后，跟爸爸妈妈讲讲学校里今天发生的事情
- 独立完成家庭作业，在作业本里画点你喜欢的东西

现在，思考一下，这一天接下来要怎么度过，你这一天又成功地完成了哪些事。回顾得越详细，回想起的就越多。回想起的越多，就越为自己感到骄傲。

现在，还差一件事！拍拍自己的肩膀吧，在短短的一天时间里，你把所有的该做的事都做完了！

不开心的时候，该做些什么？

每个人都有不开心的时候。当你没有做成某件事、事情进行得不顺利或者遇到倒霉的事情时，都会感到不开心，这再正常不过了。

尽快地恢复情绪，这对你大有好处。

不开心的时候，下面几种做法可能会对你有所帮助：

- 你可以暂时地感到失望、烦躁和沮丧，甚至可以大发雷霆或者表达不满。这能让你舒服一点。不过，希望你很快能够意识到，发泄到这种程度已经足够了。
- 搞清楚这一点：每个人都有倒霉或者遭遇不幸的时候，没有人会永远走运，也没有人会永远倒霉。只是，这次不幸让你给碰上了。
- 跟好朋友和爸爸妈妈讲讲这次的难过的事，他们一定会安慰你的。

- 你也可以自我安慰，告诉自己：“现在情况可能真的很糟糕，但是它终究会过去。”
- 如果你对这次碰到的倒霉事无能为力，尽管对自己说：“这不是我的错！只是运气不够好。下次情况会好得多。”
- 如果你确实存在一定的责任，比如没有掌握好学科知识，那就勇敢地对自己说：“必须对自己负责。我要掌握好学到的知识，争取下一次做得更好。”
- 做一些感兴趣的事。这样你会好得快一些，因为注意力会被转移，你会把主要精力放在感兴趣的事情上面，而不再去想那件难过的事了。
- 现在，你已经好多了。你可以主动去改变自己的情绪，并对自己说：“我现在不想再不开心和感到沮丧了！”这种心理的暗示作用会帮助你采取积极的行动。
- 当一切恢复正常以后，你可以对自己说：“好啦，我已经把烦恼远远地抛在身后了。现在，我做好迎接好运和快乐的准备了。”
- 最后，最好再对自己说一句：“我想找回好运，做回幸运儿！”

不幸中的万幸？

马塞尔在轮椅比赛中获胜

马塞尔坐在比赛专用的轮椅里，非常兴奋。姐姐安娜蕾娜推着自行车，和爸爸妈妈一起站在他旁边。其他观众都围在运动场的跑道边上。有些人手里摇晃着小旗。有些人高举着标语牌，上面写着“司文——我们的冠军”或者“拉若必胜”等等。

马塞尔对自己说：“我要赢！”他是 5 号。这种比赛专用轮椅的轮子是斜着立在地面上的，之所以要这样设计，是为了让轮子在高速转动的时候，依然能够平稳地拐弯。轮椅的前轮只有一个，而不是通常所见到的两个，马塞尔可以用它来更好地控制方向。

“我们所有人都会为你竖起大拇指的。”爸爸伸出大拇指来鼓励马塞尔。妈妈也露出了鼓励的微笑。

“在遭遇那次不幸之后，马赛尔是多么的伤心难过啊！”妈妈回想起造成马塞尔残疾的那次事故，“有多少次，我坐在他的床前想要安慰他。我知道再也不能自由行走和奔跑，对于一个曾经健康活泼的孩子是多么残忍的打击。那时候我们都有些绝望。”

“妈妈！”马塞尔的叫声把妈妈从回忆中唤醒，“把水瓶递给我，我还要喝水。”

马塞尔喝了一大口水，又把手套绑紧，这样，在比赛的时候，就能牢牢抓住轮椅的握轮，而防止脱手了。他抓起安在两侧轮子上的握轮，慢慢地把自己的轮椅移到起跑线后面。其他参赛选手是司文、大卫、阿美德和尼克拉斯。在之前举行过的轮椅比赛中，马塞尔就认识他们了。像马塞尔一样，这些选手也是他们所在城市的 10 ~ 12 岁组青少年轮椅赛的冠军。

“我要成为州冠军。”马塞尔悄悄地给自己定了一个目标，更用力地握紧握轮。

他睁大眼睛看着白色的起跑线，然后全神贯注地盯着手

拿发令枪的人。

“各就各位——”发令员举起发令枪，“预备——出发！”最后一句话被淹没在了巨大的发令枪响中。

参赛选手用力一推握轮，轮椅开始慢慢起步。加速后，轮子转得越来越快。每个选手都驾驶着自己的轮椅，飞快地前进在自己的跑道上。他们摆动胳膊，用力一推握轮，放手；再摆动胳膊，用力一推握轮，再放手……这样一直重复着。只是，要想速度更快，就要让这一动作频率更高。

“这些选手虽然身患残疾，却能用轮椅来赛跑。真是了不起啊！”安娜蕾娜特别激动，她坐在观众席，目光紧紧地追随着弟弟。

爸爸看到她这个样子，安慰她不用为马塞尔紧张。

“马塞尔擅长摇轮椅，而我的专长是骑自行车，我能体会他的感受。”安娜蕾娜说。

“是的。除了你的自行车是两个轮子，而弟弟的轮椅是三个轮子以外，其实没有什么大的差别。”为了能够看清赛车如何拐弯，妈妈往前迈了一步。

“马塞尔平时的训练非常刻苦。”爸爸不禁想起马塞尔是如何坐进轮椅，又是如何开始训练的。那时的马塞尔悲伤又倔强。他就是不能接受轮椅，还想要骑自己的自行车。加上他的胳膊太瘦弱了，都没力气转动轮子让轮椅移动。于是他失望地放弃了。直到几周过后，马塞尔再次尝试了一下，这一次他终于成功了。这要归功于他偷偷的练习——他通过练习举重来锻炼自己的肌肉。后来情况真的发生了改变：轮椅慢慢地移动了。这是事故过后，马塞尔脸上第一次露出微笑。

“马塞尔加油！马塞尔加油！马塞尔加油！”安娜蕾娜一直在为弟弟鼓劲儿。马塞尔现在排名第二。司文在他前面。尼克拉斯已经落在最后，失去了争夺冠军的希望。

“他能不能超过司文？”安娜蕾娜急得左右脚轮换跳着。

战胜不幸的人会变得更加强大

一次课堂测验没有考好，友谊破裂或者输了一场比赛，这些都会让人感到失望和伤心。但尽管如此，我们还是要对自己说：“虽然很糟糕，不过现在霉运过去了。我会重新开始。”勇于做再次尝试的人，没那么容易被打败。他会变得真正坚强。要明白：等到成功再次来临，经历过不幸和痛苦的人会有更加强烈的喜悦感和幸福感。

爸爸十分激动地握紧拳头："一定会的！马塞尔现在处于最佳状态，而且他的强项是终点冲刺。"

妈妈向后退了一点，探出头来张望："希望不要出现什么状况。"她有点紧张。"比赛太危险了，我并不想让马塞尔参加，但是这项运动让他感到十分幸福，我只好尊重他的选择。"

"我还记得，有一次比赛，马塞尔因为没能及时刹车，导致前轮撞到石头，轮椅和马塞尔一同翻倒在地上。马塞尔的额头撞破了，流了很多血。等我跑过去的时候，马塞尔只是咯咯地笑。他对我说：'冠军都是这样的。'"

妈妈虽然心疼，但被儿子对这项运动的热爱感动了，所以选择支持他。

突然间，观众席里发出了阵阵惊呼声。妈妈亲眼看到了马塞尔赶超对手的瞬间。

"太棒了！马塞尔！"安娜蕾娜尖叫着，疯狂地拍手，为弟弟加油！

"太棒了！你做到了！"爸爸欢呼着。有许多观众也激动地跳了起来。热情的观众探出头，以免错过精彩的瞬间。

马塞尔继续快速地推动握轮，这是进入终点直道的最后一个拐弯处。这时候，一声尖叫回荡在观众席。妈妈为马塞尔加油鼓掌，安娜蕾娜紧张地抓着爸爸的胳膊，爸爸张着嘴，但那声尖叫不是他发出的，声音停留在了他的喉咙里。所有人都揪心地观看着比赛，好像电影的慢镜头。马塞尔上演了惊险的一幕：在右转弯的时候，速度太快了，导致轮椅倾斜，倒向右侧的两个轮子，左侧的轮子离开了地面。还好马塞尔运用身体的力量，用力向左边倾压，并且让轮椅保持高速前进的状态。左轮终于落回到了地面，轮椅在冲刺直道上全速前进。

妈妈小声嘀咕着："啊！还好只是虚惊一场！"

"别太担心，比赛的时候这是常有的事哦。"爸爸笑着拍拍妈妈的后背。

安娜蕾娜欢呼着："毫无疑问，马塞尔是冠军！"

马塞尔用尽全力转动握轮，奋力地冲向终点。司文紧随其后，成为第二个冲过终点线的人。全家人都跑过来为马塞尔喝彩，马塞尔兴奋得高举双臂，满脸通红，头发被汗水浸透了。

"我赢了！"马塞尔为自己欢呼。

"我们的冠军！"爸爸激动地拥抱着马塞尔。

"你太牛了！"安娜蕾娜围着轮椅，兴奋得手舞足蹈。

妈妈静静地站在那儿，一直等到他们俩给她让出空间。她弯下腰拥抱着马赛尔，激动得说不出话来。

等到她站起来的时候，已经泪流满面。

安娜蕾娜不解地问："你怎么了，妈妈？难道你不高兴吗？"

"当然不是！我太高兴了，我想到的是这对于马塞尔来说，有多么的不容易。"

"但是，结果还是好的啊！"

"说得对！"妈妈擦干了眼泪，"获得冠军对于马塞尔来说是好的，然而伤感的是：他将永远与轮椅为伴了。"妈妈心想，"我不记得在哪里看到过这样一句话：悲伤也是一种幸福，因为可以得到安慰。今天对于马塞尔来说可不只是

安慰，而是真正的幸福。”

“小心！”这是大卫的声音，他才刚刚经过终点。妈妈吓了一跳，立刻闪到一边，也从安静的思考中被唤醒了。

尽管经历过不幸，但仍然会重获幸福

生活中确实会发生一些不幸的事情，并且严重的后果导致一些不好的影响一直存在。比如遭遇事故后，在生活中遇到各种障碍；或者对于我们极其重要的人去世了，我们会陷入悲伤和痛苦。有些人得到别人的安慰后会好受一些。不管怎样，生活还要继续。尽管不好的事情影响很深，但仍有美好的事物存在着。比如，对于经历事故失去了行走能力的人来说，如果还能为朋友的陪伴或者看到彩虹而感到高兴，那么他依然会幸福和快乐。这些人通常会发现一些不起眼的小幸福。最重要的是，他们依旧保持着一颗能够感受幸福和快乐的心！

“现在，给幸福的冠军拍张照片吧！”爸爸拿出照相机，单膝跪地。马塞尔举起双臂，摆出胜利的手势，面对着镜头放声大笑。

后记

幸福的孩子，幸福的爸爸妈妈——写给家长的一些话

孩子渴望幸福成长

孩子拥有与生俱来的与幸福为伴的能力。在妈妈肚子里的时候，他们把纯粹的幸福储存在了自己的身体里。然而，来到妈妈肚子外面的世界之后，可就不只有幸福和快乐了。在婴儿时期，他们会经历饥饿、寒冷以及各种不适和疼痛。孩子是敏感的，他们不仅能够感到深深的幸福，也能感受到痛苦和不幸。

德国电视台一项关于孩子幸福指数的调查研究表明：在六岁的孩子当中，认为自己非常幸福的比例占到 57%；而在十三岁的孩子当中，这个数字只有 25%。在学校的学习生活中，考试成绩的压力、越来越少的自由时间和空间以及青春期的来临是降低他们幸福指数的显著原因。

看来，随着年龄的增长，孩子的幸福指数会下降。他们渐渐丢失了“天真”。然而，失去天真的过程恰好也是获得幸福所需要的。孩子们会逐渐认识到，生活里有的不仅仅是幸福和美好，还会有失望、责任、忧虑和痛苦。简而言之，即使是孩子，也要面对生活严厉和残酷的一面。

在成长的过程中，每个孩子都要完成两项艰巨的任务——保存那份与生俱来的与幸福为伴的能力，以及战胜生活中大大小小的不幸的能力。而作为家长的我们，最重要的任务是在这个过程中陪伴和保护他们。虽然我们不能为孩子创造幸福，但是可以培养他们体会幸福的能力。如何能够让一个有幸福感的孩子成长为一个继续为幸福敞开心扉的成人呢？如何能让一个与生俱来与幸福为伴的孩子长大成人后意识到——不管经历幸福还是不幸，他都要从容地面对生活，并把这两者看成是生命完整的组成部分呢？这是人生最根本的任务，也是生命真正的意义。

怎样保持孩子与幸福为伴的能力?

孩子天生就有一种感知幸福的能力。他们能够纯粹、彻底地感受幸福，并将幸福完全地表达、展现出来。孩子开心的笑脸本身就是幸福的象征。

我们应该帮助孩子保持这种与幸福为伴的能力。对于我们家长或者成年人来说，最好的办法就是为孩子的幸福感到快乐、接受幸福的感染并传递幸福。孩子是获得和感受幸福的导师，这点毋庸置疑，因此我们成年人不如跟随孩子一起温故幸福，进而感受和获得属于自己的幸福。

孩子们之所以能感受到最纯粹的幸福，是因为他们：

- 对生活充满好奇心
- 天真、单纯、不苛求
- 做任何一件事都全神贯注
- 玩的时候，尽兴又认真
- 拥有丰富的想象力，在想象的世界里，一切皆有可能
- 即便在最微小的事物中，也能发现巨大的奇迹
- 专注到忘记一切甚至忘记自己
- 兴高采烈地表达自己的快乐，毫不掩饰
- 对于无聊的事也能笑个不停
- 喜欢到处摸摸碰碰，乐于奉献爱、表达爱；喜欢被人抚摸，渴望得到爱
- 发现能够让自己充分享受的兴趣爱好，并饶有兴致地享受它
- 能够在一些没有用处或者被丢弃的东西中，找到新的可以被利用的价值
- 持续地成长并不断地超越自己
- 不把后果严重以及不好的事情放在心上
- 不高兴的时候也会毫不掩饰地表达出来

等到我们成年人被重新学会这些技能之后，就能够对孩子的幸福产生共鸣并加深体会了。孩子也会感觉到，他们以

及他们的幸福得到了最大程度的接纳和欢迎。同时，我们也应当乐于承认，孩子是我们获得幸福的导师。这是我们为增强孩子的自信和自我价值感所能做的最好的事。

孩子需要的幸福是什么?

我们不能为孩子创造幸福。更准确地说是：我们不可能永远为他们提供幸福。他们要把获得幸福变为自己本身所具备的一种能力，并且通过每一次的幸福体验来增强这种能力。不过应当注意的是，作为家长，我们应当为孩子设定好幸福的界限。尽管孩子是适应环境的艺术家，并且能以自己的方式，在几乎任何一个环境中找到属于自己的小幸福，但是他们的幸福仍然是显著依赖于我们家长。

当我们为孩子的幸福设定好界限之后，不仅会为我们的孩子增添一分幸福感，更会为我们和我们的社会创造出一个美好的未来。我们为孩子提供幸福的可能性，最终将落足于他们在社会中的生存状态。

所以，我们应当充满热情和责任感地把下面几句话送给孩子和我们自己：

- 孩子需要得到大人无尽的爱和赞赏，这样他们才会有存在感和安全感。

- 孩子需要得到大人完全的信任，这样他们才能形成自信。
- 孩子需要玩耍的空间，跟同龄的小朋友在一起，而没有大人的参与。这样的话，孩子能够通过游戏的方式了解和学习生活，而不是通过成人的讲述和说教。
- 孩子需要想象的空间，在想象的空间里可以随心所欲地去幻想、虚构和思考。
- 孩子需要活动的空间，可以自由地奔跑、跳跃、攀爬和舞蹈。
- 孩子需要一个很大的场所来绘画和制作手工，尝试和实现自己的创造力和操作力。
- 孩子需要自习室和实验室，让他们永远保持好奇心，并发现学习的乐趣。
- 孩子需要私密空间，需要保守秘密，而不让大人知道；但是有些秘密也要被揭开。
- 孩子需要时常跟同龄的小朋友聚在一起，寻找他们一生的挚友。
- 孩子需要接受任务，通过完成任务让他们学会承担责任，并在承担责任的过程中成长。
- 孩子需要没有距离感、保持一颗好奇心、充满爱；有时也需要严厉的、提出高要求的大人——教育者，为他们解释并开拓生命领域中的一些奥秘。

- 孩子需要一个为他们展现广阔视野的未来，可以满怀信心和充满希望地成长。

上面提到的很多条，我们已经在不知不觉中给予孩子了；其中一些是我们家长有意识地为孩子提供的。有时候，孩子会受到所提供的环境和条件的激励，利用它们来尝试新事物和自己的新想法，进而进行深入的观察和研究。虽然我们不能控制孩子的幸福，但有时候他们需要我们的指导，需要借鉴我们的经验，然后通过自己坚持不懈的努力找到幸福。因为所有人都明白，幸福不会躺在大街上等着人来捡。

让孩子变得坚强，才能应对随时可能出现的不幸

我们应当呵护孩子的成长，但不能为他们避免每一次的失望、劳累、失败和痛苦。需要培养孩子在未来把握幸福的能力，以及在生活中克服失望、失败和悲痛经历的能力。为了让孩子明白在生活中要坚强，即使面对不幸也可以继续拥有幸福，就要告诉他们两条基本的经验：第一条经验是自我承受并克服不幸的抵抗力，被称为复原能力。第二条经验是自我暗示，即内心坚信自己能够顺利走出困境。如果我们能够告诉孩子下面的几句话并亲身示范，就可以增强孩子的复

原能力和战胜困难的能力：

- 不幸也属于生命的一部分，就像其他经历一样会不期而遇。
- 你有权感到不幸并表现出来。
- 你可以给我讲述你遭受的不幸，并且告诉我你为什么感到不幸，我可以安慰你。
- 你可以为遭受的不幸而生气，可以反抗，还可以奋起自卫。
- 等你在我的帮助下变得足够坚强时，就可以克服不幸了。
- 当不幸离开了你，你可以尽快地结束感到不幸的想法。
- 你可以请求帮助。
- 你可以在不幸中学到些什么。
- 你应当重新感到幸福，因为你本来就是也应当是个小小的幸运儿。

当孩子明白了怎样有意识地面对不幸，就会像成人一样去处理了。如果哪个孩子能够像成人那样，有意识地经历和接受不幸，那么他将不仅能够克服不幸，还能够寻找到真正的幸福。

孩子能为大人创造幸福吗?

孩子不应当为大人创造幸福。即使我们与孩子一同经历了最浓情的幸福时刻，这也不是他们的任务。除了幸福的体验，我们与孩子一同经历的还有忧虑、恐惧和痛苦。

跟孩子一同深入地生活，能够延伸生命的深度，拓宽生命的广度，增加生命的厚度。孩子向我们发出了邀请，我们的职责便在于接受这份邀请，并积极地参与其中。参与到孩子的幸福与不幸中去，是父母能为孩子做的最好的事。当孩子幸福快乐的时候，我们可以从他们身上感受到最大的快乐，分享他们的快乐能让快乐加倍；当孩子感到不幸或者不快乐的时候，与他们一同分担，他们的不幸和不快就会减少。孩子不仅让我们的生活变得快乐，还让生命变得充实、有意义。如此说来，孩子又成了我们的老师，告诉我们生命的意义。幸福与不幸是一个完整的整体，幸福与不幸并存才是成熟、平静的幸福观。

心中藏着一个自由的孩子，发现孩子的快乐

对于成年人来说，童年是永远都回不去的幸福天堂。真的是这样吗？其实，身为父母的人至少还有一次机会。孩子在度过自己幸福童年的同时，也为你开辟了重温幸福童年的

路——你们会一起经历许多幸福的时光。

拥有一个幸福的童年，对于我们成年人来说永远都不算太晚，因为孩子能够帮助我们再次“成为”一个快乐的孩子，他们能够让我们回忆和面对我们内心的那个孩子。在日常的生活和成长的困境中，这个内心里的孩子慢慢被我们驱逐、遗忘。曾经的孩子和现在心里的孩子的好奇心一同受到限制，对于生活的美好愿望一同被阻挠，自己的情感一同受到伤害。现在，作为有孩子的家长，我们可以更好地理解和对待内心的那个孩子。然后，我们心中那个以前不被允许，现在也时常被不允许的孩子，就会渐渐苏醒。我们叫他“自由、顺随天性的孩子”，每个人生来就有。这个孩子好奇心强、渴望生活和幸福、感性而顺应本能。当然，这个孩子不是我们获得幸福的绝对保障。有时候，他也会经历一些不幸和不快乐。但是，只有当这个活泼、顺应天性的孩子存在于我们的心里，才能让我们时刻充满对幸福和快乐的渴望。作为成人，我们需要时常与内心的孩子保持联系。我们的孩子能够带领我们找到内心的孩子。我们的孩子会告诉我们，世界上没有一个孩子（包括我们内心的那个孩子）会放弃寻找快乐，以及世界上所有的孩子（包括我们内心的孩子）如何能够找到幸福和快乐。

[德] 罗兰德 · 卡西勒